郑州二七纪念馆

藏品集粹

邓学青　主编

郑州大学出版社

图书在版编目（CIP）数据

郑州二七纪念馆藏品集粹／邓学青主编. —郑州：郑州大学
出版社，2022.6
ISBN 978-7-5645-8486-3

Ⅰ．①郑… Ⅱ．①邓… Ⅲ．①博物馆－藏品－郑州－图集
Ⅳ．①G269.276.11-64

中国版本图书馆 CIP 数据核字（2022）第 005108 号

郑州二七纪念馆藏品集粹

ZHENGZHOU ERQI JINIANGUAN CANGPIN JICUI

选题策划	王卫疆		封面设计	苏永生
责任编辑	孙理达		版式设计	凌　青
责任校对	胡佩佩		责任监制	凌　青　李瑞卿

出版发行	郑州大学出版社		地　　址	郑州市大学路 40 号（450052）
出 版 人	孙保营		网　　址	http://www.zzup.cn
经　　销	全国新华书店		发行电话	0371-66966070
印　　制	河南瑞之光印刷股份有限公司			
开　　本	787 mm×1 092 mm　1/16			
印　　张	13.25		字　　数	92 千字
版　　次	2022 年 6 月第 1 版		印　　次	2022 年 6 月第 1 次印刷

书　　号	ISBN 978-7-5645-8486-3		定　　价	68.00 元

本书如有印装质量问题，请与本社调换

编委会名单

作者名单

主　　编　邓学青

执行主编　李雪霞

副 主 编　马希辉

编　　辑　秦　程　涂其鑫　胡晓燕　李　媛

　　　　　丰　桦

摄　　影　张　力　梁彦府　蔡强强

/序/

　　人类历史的发展成果有很多种表现形式,其中非常重要的一种就是文物。它承载着一个国家或一个民族的历史、地理、政治、经济、军事、文化、风土人情、传统习俗、生活方式等诸多信息,是人类活动作用于自然界和社会成果的总和。文物是一种不可再生的珍贵资源,是一个地方的根,是一个民族或一个国家的魂,对于传承文明、增强民族凝聚力都起着重要的作用。我国的革命类博物馆、纪念馆等是党和国家的红色基因库,如何深入挖掘馆藏文物的历史、科学及艺术价值,讲好红色故事,传承好红色基因,既是我们当前面临的紧迫挑战,也是义不容辞的学术任务和社会责任。

　　郑州二七纪念馆是为了纪念京汉铁路工人运动和牺牲的先烈而修建的,是全国重点文物保护单位,国家二级博物馆。此次郑州二七纪念馆精心遴选出500多件具有代表性的馆藏精品,集结成册,以飨读者,这是该馆在实现文物保护利用上迈出的坚实一步。这本《郑州二七纪念馆藏品集粹》有几个突出特点:一是藏品具有广泛性和连续性。从种类来看,证章、奖章、纪念章、档案文书、书法绘画印章、书刊、票据票证、武器装备、生产生活用具等,一应俱全;从时间来看,清末、民国、新中国成立至今,连绵不断,全面系统地展示了馆藏文物精华。二是表现形式生动

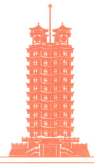

活泼。直观的实物资料,以图文并茂的形式,向人们清晰地呈现出郑州近现代历史文化的发展脉络。三是藏品突出艺术性和学术性。藏品展示不以个人好恶褒此抑彼,唯精品是藏,唯绝品是藏,而不唯"名头"和表象是藏,切实体现着"人无我有,人有我精,人精我特"的馆藏理念。海纳百川,兼收并蓄,彰显了高水准的鉴赏、甄别、诠释与论证水平。四是把深藏在文物库房里的各类代表性文物信息完整准确地公布于众,促进社会各界共享郑州二七纪念馆馆藏文物资料信息,一方面吸引学术界持续关注、积极参与该馆馆藏文物研究,另一方面架起纪念馆与社会公众沟通的桥梁,让更多的观众走进郑州二七纪念馆,感受馆藏精品的无穷魅力,接受革命精神的熏陶和洗礼,更好地增强"四个自信"。

2021 年是中国共产党成立 100 周年,回顾 100 年来党领导人民进行革命、建设和改革的伟大历程,我们既感自豪,更感幸运。生逢一个伟大的时代,遇上一个博物馆事业蓬勃发展的千载良机,我们应该有所作为,也一定能有所作为。希望郑州二七纪念馆以此为契机,更好地管理和保护革命文物,发掘和研究其内涵和价值,讲好文物背后的红色故事,充分发挥好文物独特的作用,大力弘扬革命文化,传承红色基因,为郑州"十四五"经济社会发展和国家中心城市建设作出更多的贡献。

/ 前　言 /

　　地处中原地区核心位置的河南省会郑州市,地理位置优越、交通便利,在中华文明发轫、形成和发展过程中,一直处于政治、经济、文化活动的关键区域,留下了许多重要的历史遗存。在中国近现代史上,郑州同样写下了浓墨重彩的一笔,它不仅是京汉铁路工人运动的策源地,在抗日战争、解放战争和社会主义建设时期也发挥了积极的作用,留下了如郑州铁路职工学校旧址、豫西抗日先遣支队司令部旧址等一批红色文化资源。这些资源是郑州红色文化的重要历史见证,是珍贵的红色历史文化遗产。

　　自 1971 年建馆以来,郑州二七纪念馆始终以传承郑州近现代文化遗产为己任,注重征集能够反映郑州市乃至河南省近现代社会制度、生产和生活状况,以及党领导全国人民进行社会主义革命和社会主义建设过程中遗存下来的经过历史沉淀的,具有历史、艺术和科学价值的代表性物品。建馆 50 年来,经过一代代"二七"人的不断努力,郑州二七纪念馆的馆藏文物在质量和数量上均取得了一定成绩,为更好地服务社会公众打下了坚实的物质基础,也对开展郑州近现代史研究提供了一系列物证。

我们精选500余件藏品拍照并整理相关资料,汇编成《郑州二七纪念馆藏品集粹》一书。本书按藏品类型编排,共分为"重要专题""纪念章""档案文书""书法、绘画、印章""书刊""票证、票据""武器装备""生产生活用具""'二七'衍生品"9个部分。每部分首页配有文字概述,对该部分藏品做总体介绍。每件藏品图片配有简要的文字说明,介绍藏品的名称、时代及尺寸,为读者欣赏和研究提供基本信息。本书力求内容翔实,编排有序,集历史性、科学性和艺术性于一体。我们衷心期望广大读者通过这本图集,进一步了解郑州二七纪念馆,进一步触摸郑州近代以来的历史演进和红色文化传承的脉动,进一步铭记革命历史,珍惜今天的幸福生活。

由于本书遴选的文物年代久远、信息不完整,再加上编者的视野、水平有限,选录及相关注释说明恐有不妥之处,敬请读者批评指正。

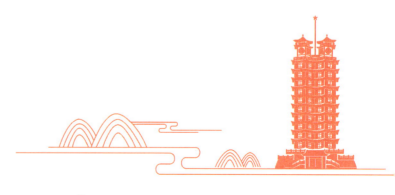

目　录

重要专题一

——京汉铁路工人运动

郑州·火车唤醒的城市

本章主要展示我馆珍藏的与京汉铁路工人运动相关的近现代文物。

郑州是一座火车唤醒的城市,20世纪初,京汉铁路的建成通车给郑州带来商业繁荣的同时,也对铁路工人产生了大量需求。早期的铁路工人工作强度高、劳动时间长、福利待遇差,生存状况十分恶劣。为了改善工人的工作环境,提高工人的工资待遇,一批具有初步共产主义思想的知识分子深入京汉铁路沿线开办夜校,宣传马克思主义,启发工人觉悟。在中国共产党的领导下,京汉铁路工人开始了争人权、争自由的斗争,工人阶级逐渐在政治舞台上崭露头角。

1923年2月1日,京汉铁路工人各分站代表在郑州成立京汉铁路总工会,遭到直系军阀吴佩孚的阻挠破坏。总工会决定举行罢工表示抗议,并号召全国同胞团结起来,同军阀做斗争。2月4日,总罢工开始,短短3个小时内长达1200多公里的京汉铁路全线上的客车、货车和军车全部停驶。2月7日,吴佩孚调动2万多名军警对汉口、郑州、长辛店等地罢工工人进行血腥屠杀,制造了震惊中外的"二七惨案"。

京汉铁路工人大罢工,充分显示出工人阶级最勇猛的斗争精神和最伟大的牺牲精神,展示了中国共产党对铁路工人的有力领导,扩大了党在全国人民中的影响。如今,由京汉铁路工人运动孕育出的千里同轨、万众一心的团结精神;坚定信念、追求真理的创新精神;顽强拼搏、勇为前锋的斗争精神;忠诚为民、不怕牺牲的奉献精神,在郑州这座"二七名城"传承和弘扬,并被赋予新的时代内涵,成为推动郑州各项工作的强大精神力量。

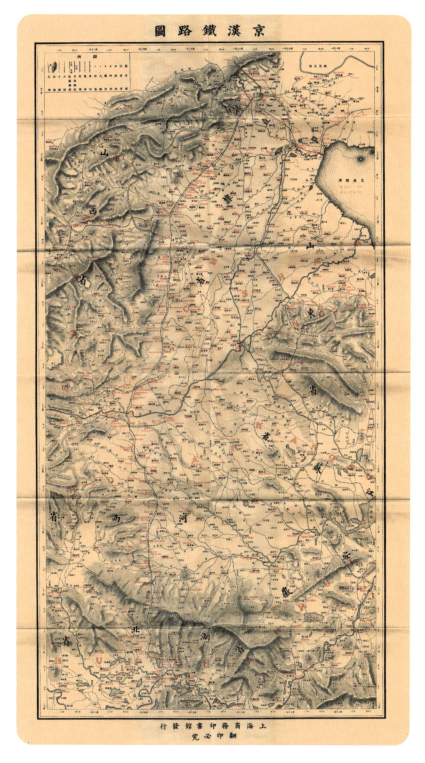

《京汉铁路图》

1915 年

99.8 厘米×61 厘米

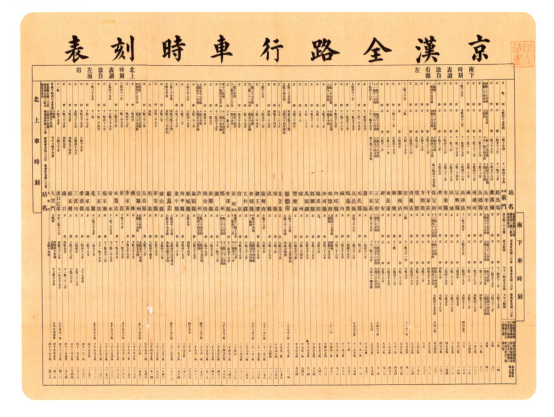

《京汉全路行车时刻表》

民国时期

54.5厘米×39厘米

　　京汉铁路原称卢汉铁路,后改称京汉铁路,
是卢沟桥、郑州至汉口的铁路。1898年开工,
1906年4月全线竣工通车,全长1214千米。
京汉铁路是中国早期建成的第一条南北铁路大
动脉,它打破了中国传统上依赖水道与驿道的
交通网络格局,带动了沿线城市的繁荣。郑州、
石家庄等也因此被称为"火车唤醒的城市",并
逐渐发展成为商业中心和政治中心。

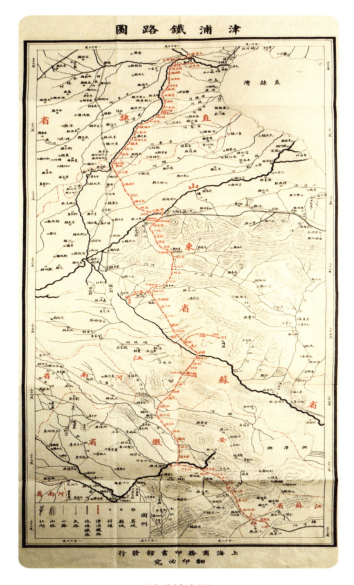

《津浦铁路图》
1914 年
79 厘米×42 厘米

　　津浦铁路又称津浦线,北起天津,南至浦口,全长 1009.48 千米,是华北通向华东的主要干线,也是中国近代完成的继京汉铁路之后第二条重要的南北铁路干线。全线于 1908 年开工建设,1912 年筑成通车。1968 年南京长江大桥铁路桥建成通车,自此,津浦铁路成为京沪铁路的一部分。

　　1922年4月,京汉全路代表在长辛店召开第一次工人代表大会,决定筹备成立总工会。不久,江岸、郑州、长辛店等16个地区陆续将工人俱乐部正式改为分区工会。会员证就是这一时期制作颁发的。会员证的正面是我国铁路早期的徽志,即"双翼车轮形"图案。在铁路线各站口成立铁路工会时,该徽志正在流行,所以特意把这一元素糅入证章中,用来显示铁路的行业特征。京汉铁路总工会会员证以及其他铁路分会的证章,是工人们身份认同、团体归属的一个重要标志。

京汉铁路总工会会员证

民国时期

直径6厘米

平汉铁路工会长辛店分会证章

民国时期

直径3.3厘米

平汉铁路郑州工会证章

民国时期

直径3.2厘米

陇海铁路工会证章

民国时期

直径3.4厘米

粤汉铁路证章

民国时期

直径3厘米

1949 年 2 月 7 日, 郑州铁路局成立陇平铁路职工总会筹委会, 6 月, 筹委会制订了《工会章程草案》, 将陇平铁路职工总会改名为郑州区铁路职工总会。1950 年 1 月 20 日—27 日, 郑州区铁路工会首届会员代表及庆功大会在郑州召开, 通过了工会章程, 并宣布中国铁路工会郑州区委员会正式成立。

郑州区铁路工会会员证
1949 年
直径 2.5 厘米

平汉区铁路工会证章
民国时期
3.7 厘米×1.5 厘米

平汉区铁路工会成立于 1946 年 7 月, 办事处设在长辛店, 下设前门、长辛店等 6 个分会。

津浦区铁路工会证章
民国时期
直径 2.8 厘米

津浦区铁路工会是在 1947 年 11 月 4 日济南召开的"津浦区铁路员工第一次代表大会"上成立的, 在天津、青岛两地设有办事处。

陆福廷赠陇海铁路抗战胜利纪念章
民国时期
直径 3.2 厘米

　　陆福廷,毕业于南京两江师范学堂、保定陆军军官学堂速成班。1935 年后,任交通部陇海铁路局局长。1940 年 9 月任军事委员会全国铁路运输总司令,兼任陇海线铁路管理局局长。他在 1943 年《交通建设》中发表的《最近三年来之陇海铁路概况》,详细回顾抗战期间陇海线以及支线修筑情况,介绍最近三年陇海铁路组织、公务、车务、机务、财务、材料、医务变迁,指出在"抗战建国并进之际",铁路员工"奋斗中求生存,困苦中求进步"的艰辛历程。抗战胜利后,陆福廷监制发放陇海铁路抗战胜利纪念章,以此纪念这段峥嵘岁月。

陇海火车河南货捐郑县分局查货员证章

民国时期

直径 3.5 厘米

平汉铁路郑州员工子弟学校证章

民国时期

直径 3.4 厘米

铁道运输公会会员车场出入证章

民国时期

直径 3 厘米

全国铁路工会联合会纪念章

民国时期

直径 2.6 厘米

三民主义青年团豫北铁道分协团证章

民国时期

直径 2.5 厘米

姜海世(曾任京汉铁路总工会郑州分会副委员长)的证件、笔记

湘桂铁路桂南工程局员工服务证

1939 年

9.5 厘米×6 厘米

湘桂黔铁路工程局员工服务证

1946 年

9.5 厘米×6.5 厘米

平汉铁路员工服务证

1946 年

9.5 厘米×6 厘米

记事本

民国时期

10.5 厘米×7.5 厘米

广西省中苏友好协会会员证

1951 年

18 厘米×9 厘米

宣传员聘书

1951 年

10.5 厘米×7.5 厘米

铁路职工健康证

1953 年

10 厘米×7.5 厘米

衡阳铁路管理局离职证明书

1954 年

30 厘米×19 厘米

河南省工会联合会第四次代表大会出席证

1958 年

9 厘米×6.5 厘米

河南省郑州市政协委员会通知书

1961 年

30.5 厘米×22.5 厘米

黄国瑞(曾先后供职于交通部平汉区铁路管理局、陇海平汉铁路郑州联合管理委员会)的证件

交通部平汉区铁路管理局员工服务证

1946 年

9 厘米×5 厘米

陇海平汉铁路郑州联合管理委员会职工胸标

1948 年

10 厘米×7 厘米

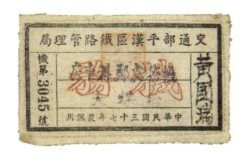

交通部平汉区铁路管理局机务处

郑州车房抬煤夫胸标

1948 年

9 厘米×3.5 厘米

中华人民共和国工会会员证

1957 年

9 厘米×5 厘米

《高斌烈士站像》(照片)

民国时期

14 厘米×10 厘米

　　这幅照片是京汉铁路总工会郑州分工会委员长高斌烈士仅存的遗照。高斌(1893—1923年),天津河东区人。京汉铁路总工会郑州分工会委员长,京汉铁路筹备委员会主席。1923年2月1日高斌率队冲进普乐园,宣布京汉铁路总工会成立大会开始。4日上午9时许,高斌下达总罢工的命令。5日被捕,拒绝下复工令。后被摧残致死,时年30岁。

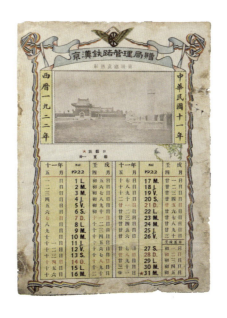

京汉铁路管理局年历

1922 年

29 厘米×20 厘米

《一九二五年的中国铁路工会》

1925 年

18.5 厘米×13 厘米

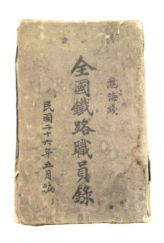

《全国铁路职员录》

1937 年

20 厘米×13 厘米

《二七凶犯落网记》，作者尚文，武汉通俗出版社出版。该书以说唱鼓词的形式生动形象地叙述了镇压京汉铁路工人大罢工的主凶之一赵继贤被逮捕归案的过程。

《二七凶犯落网记》
1951 年
15 厘米×10 厘米

《京汉工人流血记》
1923 年
19 厘米×13 厘米

《京汉工人流血记》，作者罗章龙，于 1923 年 3 月底在北京初次出版，先后在北京、上海、广州发行，发行量 15 万册，畅销南北，影响深远。这本书真实、详细地记载了"二七惨案"全过程，是研究京汉铁路工人运动的重要参考文献。

《京汉铁路总工会成立大会》(油画)　林国光

1972 年

纵 100 厘米,横 200 厘米

　　1923 年 2 月 1 日,京汉铁路工人在郑州普乐园举行京汉铁路总工会成立大会,直系军阀吴佩孚派军警封锁会场,阻拦参加会议的代表,以武力破坏会议举行。汇聚在郑州的各分工会代表和参会来宾冲破封锁,冲进会场,宣告了京汉铁路总工会正式成立。由于京汉铁路总工会成立大会遭到军阀吴佩孚的破坏,京汉铁路工人在中国共产党的领导下,于 1923 年 2 月 4 日开始了轰轰烈烈的大罢工。京汉铁路工人大罢工是中国共产党领导的第一次工人运动高潮的顶点,它进一步显示了中国工人阶级的力量,扩大了中国共产党在全国人民心中的影响。

　　林国光,河南汝阳人。早年从事美术教育,1980 年进入新闻界工作,担任《郑州晚报》美术编辑。曾兼任河南省美术家协会常务理事、河南省油画学会常务理事、插图装帧学会副会长。

《施洋就义》(油画)　王玉炳
1972 年
纵 110 厘米, 横 127 厘米

　　施洋(1889—1923 年),字伯高,湖北竹山人。1923 年 2 月 4 日,京汉铁路工人举行全线总罢工,施洋是领导者之一。2 月 7 日晚,在家中被捕。在法庭上,他痛批北洋军阀的反动本质和镇压工人运动的滔天罪行,以大无畏的革命气概压倒了敌人。2 月 15 日凌晨在洪山脚下英勇就义,他身中两弹仍高呼"劳工万岁",表现出一名共产党员视死如归的英雄气概。

　　王玉炳,毕业于中州大学工艺美术系,中国美术家协会会员,擅长美术编辑。

《宁死不屈的高斌》(油画)　常宗贤

20 世纪 70 年代

纵 110 厘米,横 127 厘米

　　常宗贤,职业艺术家,1944 年生于河南,曾工作于郑州市群众艺术馆。

《林祥谦英勇就义》(油画)　常宗贤
20世纪70年代
纵95厘米, 横132厘米

　　林祥谦(1892—1923年), 福建闽侯
人, 中共党员。1922年当选为京汉铁路江
岸分工会委员长。二七大罢工时任江岸地
区罢工总负责人, 负责筹备罢工事宜。
1923年2月7日在江岸被捕后牺牲, 时年
31岁。

《京汉铁路总工会恢复大会场景》(油画) 左国顺

1972 年

纵 56 厘米,横 106 厘米

　　左国顺,河南漯河人。曾先后任漯河
铁中美术教师、郑州铁路文化宫美术创作
员、郑州铁路局文联美术编辑。现为中国
美术家协会会员、河南省文联委员、河南省
美术家协会常务理事、河南省油画学会理
事、铁道部艺术系列高级职称评委、中国少
林书画研究会理事、郑州铁路局文联高级
美术师、美协主席。

汉阳造步枪

民国时期

长 124 厘米

铁路信号灯

民国时期

18 厘米×17 厘米×40 厘米

京汉铁路总局镇尺

民国时期

16.8 厘米×1.8 厘米×0.3 厘米

扳手

民国时期

长 67 厘米

铁路界碑

现代

80 厘米×28 厘米×16 厘米

重要专题二

——纺织工业

郑州·火车唤醒的城市

本章主要展示的是见证近现代以来郑州纺织工业发展历史的相关文物。

郑州纺织工业起源于1920年穆藕初创办的豫丰纱厂。新中国成立后，郑州和咸阳、石家庄、北京一起被国家确定为"四大纺织工业基地"。经过勘测、选址、工程筹备，1953年5月1日，郑州国棉一厂破土动工，至1954年7月1日正式建成。紧接着，郑州第三、四、五、六棉纺织厂相继建成投产，加上1951年开始在老豫丰纱厂废墟上重新筹建，1953年9月全部投产的郑州第二棉纺织厂，郑州市六个国棉纺织厂形成拥有43万纱锭、1.51万台布机的规模。到1958年累计完成工业总产值1.97亿元，一举奠定了河南省纺织工业在全国的重要地位。

20世纪60年代到80年代，郑州六大纺织厂峥嵘并立、飞速发展，为国家创利税71亿元，是当时投资的30倍，为郑州发展做出了巨大贡献。1991年，经河南省政府批准，在原有郑州一棉、三棉、四棉、五棉、六棉等企业的基础上成立河南嵩岳集团。

2006年，郑州市开始对老纺织工业基地进行"改制重组、整体搬迁"，郑州棉纺企业进入了新的发展轨道。2009年，保存较为完整的国棉三厂旧址作为"郑州纺织工业基地"被列为郑州市文物保护单位，并计划在其原址上打造一座郑州纺织工业遗址博物馆，届时将会重新唤起郑州市民对那段奋斗历史的珍贵记忆。

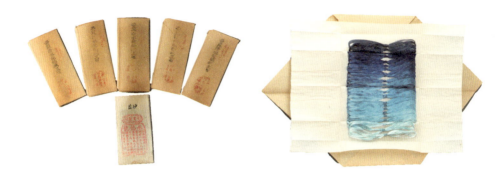

"永德号"套蓝清水杭绣绒生丝样品

清代

17 厘米×7 厘米

"锡利记"染线本

1940 年

26 厘米×15 厘米

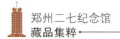
商务印书馆布样原稿

民国时期

18 厘米×11 厘米

27 厘米×19 厘米

30 厘米×22 厘米

37 厘米×21 厘米

布样原稿

民国时期

38 厘米×29 厘米

38 厘米×29 厘米

38 厘米×28 厘米

37 厘米×28 厘米

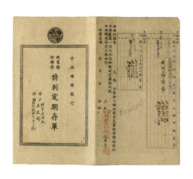

恒丰染织厂王稼瑞的特别定期存单

1943 年

26 厘米×16 厘米

信和纱厂股份有限公司股票

1947 年

26 厘米×22 厘米

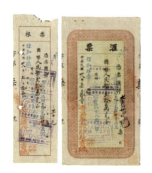

信和纱厂汇票

1949 年

22 厘米×7 厘米　22 厘米×12 厘米

洪胜祥号广告

民国时期

39 厘米×36 厘米

上海申新纺织第二厂"采花图"商标

20世纪50年代

19厘米×15厘米

《缝缝补补又一年》宣传画

1958年

78厘米×52厘米

《纺织女工学艺》版画

1964年

58厘米×48厘米

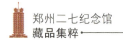

郑县豫丰纱厂

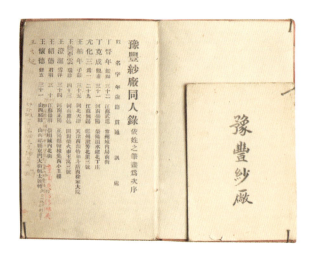

《豫丰纱厂同人录》

1929 年

17 厘米×10 厘米

中華民國二十二年元旦鄭州豫豐紗廠全體同人合影

中华民国二十二年郑州豫丰纱厂全体同人合影(照片)

1933 年

30 厘米×10 厘米

郑县豫丰纱厂工会会员证

民国时期

直径 3.2 厘米

　　豫丰纱厂 1919 年由上海资本家穆藕初筹资创办,1920 年 5 月开工生产。它是当时郑州规模最大、用工最多的企业,同时也是河南省最大的机器生产棉纺工厂。1927 年 4 月成立豫丰纱厂工人子弟学校。1928 年 9 月成立职员工会子弟学校。1934 年 3 月,豫丰纱厂由中国银行天津分行管理经营,改称豫丰和记纱厂。1938 年 3 月,因日军侵华轰炸郑州,该厂被迫迁往重庆,改名为豫丰和记纱厂重庆分厂。1951 年,在豫丰纱厂旧址上恢复重建的郑州纺纱厂正式成立。1953 年,改称郑州第二棉纺织厂。

郑县豫丰纱厂私立完小证章

民国时期

3 厘米×2.7 厘米

豫丰茶庄茶叶筒

民国时期

10 厘米×7 厘米×13 厘米

20 世纪初的豫丰纱厂厂门 (照片)

现代

14 厘米×8.5 厘米

河南郑县豫丰纱厂商标

现代

19 厘米×13.5 厘米

郑州国棉一厂

国营郑州第一棉纺织厂临时工作证

20世纪60、70年代

直径2.1厘米

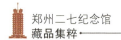
郑州国棉二厂

郑州国棉二厂针织品样卡

现代

18.5 厘米×13 厘米

郑州国棉二厂色卡

现代

31.5 厘米×21 厘米

郑州国棉二厂"坦克牌"商标

现代

20 厘米×13 厘米

1.郑州国棉二厂荣誉证书和奖杯

郑州国棉二厂荣获全国文明生产
先进集体奖奖状

1981 年

50 厘米×39 厘米

郑州国棉二厂三朵花牌涤纶针织面料
荣获省优质产品奖奖状

1982 年

50 厘米×39 厘米

郑州国棉二厂荣获省优质产品奖奖杯

1984 年

高 26 厘米,底径 8 厘米

郑州国棉二厂荣获国家银质奖奖杯

1984 年

高 37 厘米,底径 11 厘米

郑州国棉二厂三朵花牌涤纶经编条绒布
荣获纺织工业部优质产品奖奖状

1984 年

50 厘米×39 厘米

郑州国棉二厂荣获中华人民共和国
国家质量优质奖奖章

1985 年

33 厘米×26 厘米

郑州国棉二厂红棉牌弹力衫裤荣获
国家银质奖奖杯

1985 年

高 35 厘米,口径 18 厘米,底径 11.5 厘米

郑州国棉二厂荣获中华人民共和国第一届
青少年运动会服务工作优良奖奖杯

1985 年

高 30 厘米,口径 9 厘米,底径 10 厘米

郑州国棉二厂涤纶儿童印花蚊帐荣获

优秀产品奖证书

1986 年

25.5 厘米×19 厘米

郑州国棉二厂产品词条被《中国工业产品

大辞典》录用荣誉证书

1987 年

18 厘米×17 厘米

郑州国棉二厂荣获纺织工业部

优质产品奖奖章

1988 年

33 厘米×26 厘米

郑州国棉二厂三朵花牌经编印花席梦思

床垫面料荣获优质产品奖奖状

1988 年

50 厘米×39 厘米

郑州国棉二厂荣获河南省儿童生活用品
展销表扬奖证书

1989 年

24 厘米×17.5 厘米

郑州国棉二厂荣获河南省优秀产品
新技术奖奖杯

20 世纪 80 年代

13 厘米×13 厘米×36 厘米

郑州国棉二厂卷心花牌汗衫背心荣获
纺织工业部优质产品奖奖状

1990 年

50 厘米×39 厘米

郑州国棉二厂卷心花精梳弹力衫裤荣获
纺织工业部优质产品奖奖状

1990 年

50 厘米×39 厘米

郑州国棉二厂被郑州市人民政府命名为

"出口商品生产基地企业"证书

1991 年

35 厘米×24 厘米

郑州国棉二厂弹力背心荣获河南省首届

"兴豫杯"名优特新产品表彰奖奖状

1991 年

50 厘米×39 厘米

郑州国棉二厂被批准为中国纺织品进出口商会会员证书

1994 年

37.5 厘米×24.5 厘米

郑州国棉二厂荣获郑州市 1996 年度

优秀新产品二、三等奖奖牌

1997 年

34 厘米×24 厘米

2. 郑州国棉二厂《光荣册》

1982 年
26 厘米×19 厘米

1983 年
26 厘米×19 厘米

1988 年
26 厘米×19 厘米

20 世纪 80 年代
26 厘米×18 厘米

3. 郑州国棉二厂吴振铎的证章、证件、证书等

纺织工业先进生产者证章

1956 年

直径 4.5 厘米

河南国营纺织工业先进生产者

代表大会证章

1956 年

直径 4 厘米

郑州市第二届人民代表大会代表当选证书

1956 年

28 厘米×25 厘米

郑州市第三届人民代表大会代表当选证书

1958 年

28 厘米×25.5 厘米

郑州市第四届人民代表大会代表当选证书

1962 年

28 厘米×25.5 厘米

郑州市第五届人民代表大会代表当选证书

1963 年

27.5 厘米×25 厘米

全国纺织工业科研技革经验交流会代表证

1977 年

13.5 厘米×7.5 厘米

全国纺织工业科研技革经验交流会参观证

现代

9.5 厘米×6.5 厘米

高级工程师证书

1982 年

9 厘米×6.5 厘米

河南省郑州市第二届
人代会第一次会议
代表出席证
现代
21.5 厘米×4.5 厘米

郑州市科技协会第二
次代表大会代表证
现代
22.5 厘米×5.5 厘米

苏南区纺织会议
第一届代表证
现代
12.5 厘米×3.5 厘米

河南省工业交通先进工
作者代表会议列席证
现代
8.5 厘米×5 厘米

郑州国棉二厂徽章

现代

5 厘米×1.5 厘米

汶上棉纺织厂徽章

现代

4 厘米×1.5 厘米

中南纺织纤维检验干训班纪念章

现代

4 厘米×2 厘米

河南纺管局奖模大会纪念章

现代

直径 3 厘米

郑州国棉三厂

国营郑州第三棉纺织厂（简称郑州国棉三厂或郑棉三厂）是我国国民经济建设第一个五年计划期间兴建的大型棉纺织企业。1954 年建厂以来实行凭工作证出入生产区制度，1984 年 7 月 1 日起开始实行凭厂徽出入制度。本枚厂徽就是这一时期制作颁发的。

郑州国棉三厂厂徽

20 世纪 80 年代

直径 3 厘米

郑州国棉三厂双面挂钟

20 世纪 50 年代

直径 70 厘米，厚 35 厘米

郑州国棉三厂落地钟

20 世纪 70 年代

55 厘米×25 厘米×175 厘米

郑州国棉三厂使用的六九牌外敲式电铃

20 世纪 90 年代

40 厘米×18 厘米

郑州国棉三厂使用的播音器

20 世纪 90 年代

15 厘米×13 厘米×20 厘米

　　郑棉三厂广播站建于 1955 年,原有 250 千瓦扩音机两台,配备维修工、广播员各一名。随着生产区和生活区建设的不断扩大,1984 年 4 月,在厂人防工事内铺设了一条长 4000 米的广播线和一条长 500 米的地下电缆,生产区、生活区的有线广播网基本完善。广播站除了转播中央及地方电台的节目外,主要担负厂内各种宣传及召开广播会议等任务。

郑棉三厂工会第七届会员代表大会纪念茶缸

1980 年

高 16 厘米,直径 13 厘米

郑棉三厂布机技术达标纪念搪瓷茶缸

1990 年

高 9 厘米,直径 15 厘米

郑棉三厂第十届会员代表大会纪念搪瓷盆

现代

高 12 厘米,直径 38 厘米

郑棉三厂清钢丁班搪瓷盆

1986 年

高 12 厘米,直径 40 厘米

郑棉三厂工会赠暖水瓶

1993 年

高 39 厘米,底座直径 15 厘米

郑州三棉有限责任公司安全生产工作围裙

当代

衣长 70 厘米,宽 60 厘米;帽径 28.5 厘米

郑州国棉三厂手表

1994 年

表盘直径 3.5 厘米

郑州国棉三厂职工使用的工具

当代

6 厘米×4 厘米,17 厘米×4 厘米,10 厘米×2 厘米

1. 郑州国棉三厂餐券

1981 年　　　　　　　　　　1983 年
8 厘米×4 厘米　　　　　　　8 厘米×4 厘米

20 世纪 80 年代　　　　　　20 世纪 80 年代
9 厘米×5 厘米　　　　　　　8 厘米×4 厘米

　　1954 年郑棉三厂刚建厂不久,从湖南、湖北、江苏、上
海、山东等地调来了大批职工。这些职工由于来自各个地
方,饮食习惯不同,口味不一。厂领导根据这种情况,决定
在职工食堂开设南方灶和北方灶,解决职工的吃饭问题。
不久,又将包饭制改为饭票制,职工凭餐券可至食堂随意选
择自己喜欢的饭菜,此举较好地满足了职工的饮食需求。

《郑棉三厂报》

1983 年

55 厘米×40 厘米

　　厂报是全厂重要的宣传工具之一。1958 年 8
月 1 日经中共郑州市委批准,郑棉三厂党委机关报
《东风报》创刊,该报以宣传党的方针政策、反映厂
内各种政治活动开展情况和工人们生产生活情况为
主要内容,于 1959 年 5 月停刊。1977 年 8 月,厂党
委根据当时"工业学大庆"的情况,决定由宣传科主
办《学大庆战报》。1980 年更名为《郑棉三厂报》,
1983 年因印刷问题停刊。

2. 郑州国棉三厂荣誉证书和奖杯

郑州国棉三厂荣获"工业普查
先进单位"奖杯

1985 年

高 34 厘米,底径 9 厘米,宽 19 厘米

郑州国棉三厂参加"全国首届
青运会团体操表演"奖杯

1985 年

高 30 厘米,底 10 厘米×10 厘米

郑州国棉三厂工会荣获宣教文体工作

先进单位证书

1995 年

50 厘米×38 厘米

郑州国棉三厂荣获春节文化活动

一等奖证书

1996 年

35 厘米×25 厘米

郑州国棉三厂工会荣获 1995 年度河南省

纺织系统工会信息工作先进单位证书

1996 年

35 厘米×24 厘米

郑州国棉三厂舞蹈荣获庆祝建国 47 周年、纪念

红军长征胜利 60 周年文艺汇演一等奖奖状

1996 年

50 厘米×38 厘米

3. 郑州国棉三厂郜建国的证件和奖状

厂级先进生产者光荣证

1977 年

54 厘米×39 厘米

共青团"十大"献礼单项能手奖状

1978 年

54 厘米×39 厘米

车间新长征突击手奖状

1979 年

54 厘米×39 厘米

车间级先进民兵光荣证

1979 年

54 厘米×39 厘米

民兵军事实弹射击喜报

1980 年

54 厘米×39 厘米

"为四化立功活动"三等功喜报

1981 年

37 厘米×26 厘米

借书证

1981 年

10 厘米×7 厘米

工作证

1990 年

9 厘米×7 厘米

4. 其他

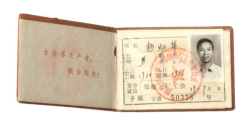

郑州国棉三厂退休职工工会会员证

1979 年

9 厘米×6.5 厘米

郑州国棉三厂熊世金和周惠珍的结婚证书

1956 年

37 厘米×26.5 厘米

郑州国棉三厂职工退休证书

1969 年

45 厘米×33 厘米

郑州国棉三厂职工于爱莲使用的饭盒

1969 年

高 6 厘米,直径 10 厘米

郑州国棉四厂闫瑞华的社会主义建设贡献证

1957 年

11 厘米×8.5 厘米

其他

河南嵩岳集团郑州豫丰纺织有限公司荣获

2000 年度振兴杯银杯证书和奖杯

2001 年

证书:50 厘米×36.5 厘米,奖杯:16 厘米×10 厘米×46 厘米

河南省嵩岳集团郑州豫丰纺织有限公司会员证

2002 年

25 厘米×17.5 厘米

茶缸

郑棉一厂茶缸

现代

高 16 厘米，直径 11 厘米

郑棉二厂茶缸

现代

高 15 厘米，直径 11 厘米

郑棉三厂茶缸

现代

高 18 厘米，直径 12 厘米

郑棉四厂茶缸

现代

高 15 厘米，直径 11 厘米

郑棉五厂茶缸

现代

高 16 厘米，直径 11 厘米

郑棉六厂革命委员会茶缸

现代

高 16 厘米，直径 11 厘米

纪 念 章

郑州·火车唤醒的城市

本章主要展示我馆收藏的不同历史时期的军事及其他各类型纪念章。

纪念章产生于特定年代，限量发行，并且不可再生，其中蕴含了先驱们的生命和鲜血、胜利与喜悦，是革命传统教育的生动教材。与此同时，作为历史见证，纪念章还具有反映不同时期社会状态、习俗、文化潮流、艺术品位等多重重要作用。

我馆收藏的纪念章以军事纪念章为主，按照历史时期划分，主要包括北伐战争、抗日战争、新中国建立初期等多个重要历史时期，其中解放战争和抗美援朝两个时期的纪念章占比较高。

解放战争时期，中国人民解放军艰苦奋斗，顽强拼搏，首先夺取了辽沈、淮海、平津三大战役的胜利。此后，我军乘胜追击，先后解放了全国大部分地区。在这一过程中，每取得一次重大战役的胜利，所在军区军政部门都会颁发纪念章以示庆贺纪念、壮大军队士气。我馆馆藏该时期的纪念章包括解放东北纪念章、解放西南胜利纪念章、渡江胜利纪念章、淮海战役胜利纪念章、解放海南岛纪念章等。

抗美援朝是中国人民志愿军于1950年10月跨过鸭绿江，与朝鲜人民并肩作战赢得的又一次伟大胜利。为纪念这场战争，我国各级军政部门铸造了形式多样的纪念章。目前，我馆馆藏该类型的纪念章包括中朝友好万岁纪念章、中国铁路职工抗美援朝纪念章等。

北伐战争时期

1926 年 7 月 9 日,国民革命军北伐誓师大会在广州举行,北伐战争正式开始。9 月 17 日,冯玉祥率领国民军在绥远五原誓师,宣布响应北伐。冯玉祥率领国民军从西北往东南打,横扫宁夏、甘肃、陕西,与北伐军在郑州胜利会师。1927 年 6 月,冯玉祥出任河南省政府主席,继续东征。在南下、东征过程中,冯玉祥部队的将士们出生入死、浴血奋战,立下赫赫战功,却也牺牲众多。1928 年春,冯玉祥率领部队回河南休整,为告慰、纪念战争中阵亡的将士,在郑州西郊修建烈士陵园,冯玉祥取"碧海丹心、血殷黄沙"之意,将其命名为"碧沙岗"。1956 年郑州市政府对陵园进行修缮后,正式改名为碧沙岗公园。

慰劳北伐军纪念章
民国时期
2.7 厘米×2 厘米

冯玉祥赠革命纪念章
民国时期
3.4 厘米×2.5 厘米　3 厘米×2.8 厘米

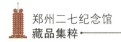

抗日战争时期

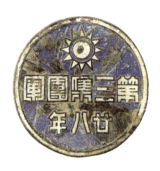

第三集团军证章

1939 年

直径 3.2 厘米

国民革命军第三集团军总司令部政治训练部
置铜质墨盒

民国时期

7.2 厘米×7.2 厘米×2.7 厘米

国民党第一集团军抗日受伤纪念章

抗日战争时期

直径 3.9 厘米

豫南挺进军总指挥部干训班毕业纪念章

抗日战争时期

直径 2.6 厘米

解放战争时期

解放西南胜利纪念章

1949 年

直径 3.9 厘米

渡江胜利纪念章

1949 年

直径 3 厘米

淮海战役胜利纪念章

1949 年

直径 4 厘米

东北人民解放军勇敢奖章

解放战争时期

直径 5 厘米

解放西北纪念章

1950 年

直径 3.4 厘米

解放海南岛纪念章

建国初期

直径 3.2 厘米

解放西藏纪念章

1952 年

直径 4.1 厘米

抗美援朝时期

中朝友好万岁纪念章

抗美援朝时期

直径 3.2 厘米

中国铁路职工抗美援朝纪念章

抗美援朝时期

直径 3.8 厘米

抗美援朝纪念章和证书

抗美援朝时期

10.5 厘米×7.5 厘米　直径 3.2 厘米

郑州二七纪念馆离休干部贾文玉获得的证章、证书

1. 证章

解放东北纪念章

1948 年

直径 4.5 厘米

华北解放纪念章

1950 年

直径 4.2 厘米

解放华中南纪念章

1950 年

直径 3.6 厘米

抗美援朝纪念章

1951 年

直径 4 厘米

抗美援朝纪念章

1951 年

直径 3.8 厘米

抗美援朝纪念章

抗美援朝时期

直径 3.2 厘米

抗美援朝纪念章

抗美援朝时期

直径 3.8 厘米

朝鲜政府颁发的战士勋章

1953 年

直径 3.5 厘米

2. 证书

功劳证

1949 年

13.3 厘米×9.5 厘米

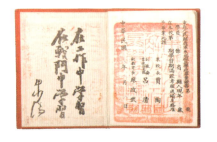

东北人民解放军朱瑞炮兵学校毕业证书

1949 年

15.4 厘米×11.4 厘米

中国人民解放军第四炮兵学校结业证书

1955 年

13.2 厘米×10.2 厘米

贾文玉（1927—2019 年），黑龙江巴彦人，中共党员。郑州炮兵学校毕业。在部队期间参加包括四平南阻击战在内的多次战斗，并于 1950 年 10 月至 1951 年 6 月两次进入朝鲜参加抗美援朝战争。1955 年 11 月任炮兵 12 师 15 团 9 连政治指导员；1966 年复员任郑州市越调剧团党支部书记；1970 年 8 月任郑州

解放奖章和证书

1956 年

9.5 厘米×7 厘米　直径 3.3 厘米

影剧院支部书记；1971 年 9 月调入郑州二七大罢工纪念塔管理处工作，任副主任、党支部副书记。1988 年离休，享受县处级待遇。

其他纪念章

军政部巩县兵工分厂工人证章

民国时期

直径 3.5 厘米

陆军部巩县兵工厂手枪证章

民国时期

直径 4.9 厘米

　　巩县兵工厂,全称"军政部兵工署巩县兵工厂",是 20 世纪初北洋政府在内地兴建的一个大型军工企业,也是民国时期全国四大兵工厂之一。该厂制造的军工器械品种多,质量标准高,规格整齐划一。1937 年,"七七"事变爆发,兵工厂屡遭日寇飞机轰炸,被迫南迁。虽然巩县兵工厂仅仅历时 26 年,但作为中国近现代史上军工兵器发展的实物见证,在抗击外来侵略、促进国家军工技术成长和地方工业发展等方面均做出了巨大贡献。

　　1913 年,郑州改称郑县。1928 年,冯玉祥将郑县改名为郑州市。1931 年撤市复改为郑县。1948 年 10 月,中原野战军解放郑州后,在郑县城区设立郑州市,直属河南省领导。1953 年,郑县撤销,1954 年 10 月 30 日,河南省政府由开封迁往郑州,郑州市从此成为河南省省会。

郑县县政府证章

民国时期

直径 3.2 厘米

郑州花园口,位于河南省郑州市惠济区北郊的黄河南岸。1938 年,国民党政府为阻止日军西犯,以水代兵,下令在花园渡口西侧炸开黄河大堤,造成平汉铁路以东地区的洪水泛滥,使豫、皖、苏三省四十四县蒙受水患,伤亡惨重,史称"花园口决堤事件"。1946 年 2 月,黄河堵复工程局成立,开始进行花园口堵口工程。1947 年 3 月 15 日,花园口堵口合龙,黄河回归故道。黄河改道八年零九个月,给河南人民带来了深重灾难。

花园口合龙纪念证章

1947 年

直径 2 厘米

铁道部部立郑州扶轮中学校纪念章

民国时期

直径 3.6 厘米

郑县扶中毕业纪念证章

民国时期

直径 2 厘米

扶轮学校,1918 年由铁路同人教育会筹备创设,主要目的是帮助解决铁路职工子弟就学问题,减少铁路职工负担,推广教育普及。创设初期基本开设在京汉、京奉、京绥、津浦四路沿线,招生对象主要为四路员工子弟。此后办学范围有所扩大,先后增加道清、正太、陇海和胶济四路。

河南省政府证章

民国时期

直径 3.2 厘米

中华人民共和国开国盛典纪念章

1949 年

直径 3.3 厘米

剿匪胜利纪念章

建国初期

直径 3.2 厘米

湘西剿匪胜利纪念章

1950 年

直径 4 厘米

中国铁路工会郑州区委员会赠纪念章

1950 年

直径 3.8 厘米

郑州 363 建厂纪念章

1953 年

直径 4.3 厘米

全国人民慰问人民解放军代表团纪念章

1954 年

直径 4.3 厘米

解放纪念章

1955 年

直径 3.2 厘米

帽徽、领章

1955 年

帽徽直径 3 厘米　领章 6 厘米×3 厘米

大尉肩章、领章

1955 年

肩章 13 厘米×5.5 厘米　领章 7 厘米×3 厘米

抢修黄河大桥架设黄河浮桥纪念证章

1958 年

3.5 厘米×1.3 厘米

三等功奖章

20 世纪 80 年代

直径 3 厘米

郑州·火车唤醒的城市

本章主要展示我馆收藏的反映郑州及周边地区近现代历史的档案文书，重点包括土地房产档案、人事档案、婚姻档案等。

　　我馆收藏了一定数量的档案文书，这些珍贵的档案文书主要涉及行政、法制、经济、文化、教育、民生等多个领域。其中土地房产档案以郑州及周边地区近现代土地、房产买卖契约为主。这些契约作为建立和维护民间土地买卖秩序，防止买卖各阶段可能存在的纠纷而专门制定的书面材料，真实地记载了近现代以来郑州及周边地区财产流动情况，是这一时期社会政治、经济和文化情况的真实反映。

　　人事档案作为反映个人在从事社会活动中形成的第一手资料，具有原始记录性和真实性，通过研究该类型档案，有助于了解个体在学习、工作、德才等方面的情况。在此基础上，更为了解各时期社会制度、文化面貌等提供原始材料。我馆馆藏的人事档案包括河南督军公署任命状、郑州扶轮第二小学"级任教员"聘书、荥阳县国民身份证等。

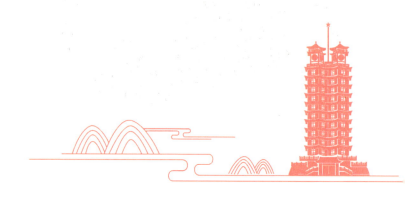

土地房产档案

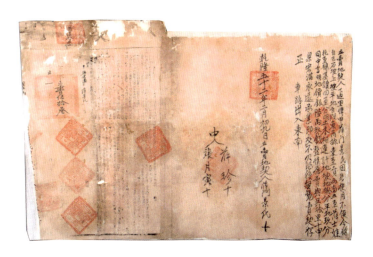

稷山县土地买卖契约

1787 年

75 厘米×55 厘米

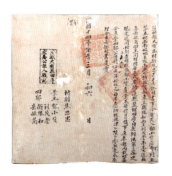

汾城县买田证明书

1925 年

35 厘米×34 厘米

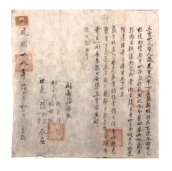

卖田证明书

1939 年

33 厘米×31.9 厘米

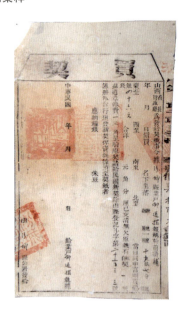

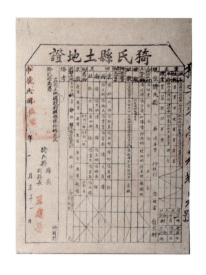

山西汾城县买契

民国时期

39.4 厘米×23 厘米

猗氏县土地证

1950 年

43.5 厘米×34 厘米

　　田地契约是土地私有制条件下的产物,是田地权利关系的法律文书,也是田地所有权、使用权的书证,具有鲜明的地方性和民间性。中华民国成立后,土地买卖制度渐趋完善,契约亦日趋规范,出现了官方统一印制的买契。土地契约作为见证我国土地权变更的重要历史资料,真实地反映了我国不同历史时期的土地所有权制度、土地权属变更情况及土地管理制度。

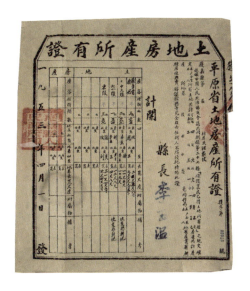

平原省土地房产所有证
1953 年
37.4 厘米×33.1 厘米

土地房产所有证俗称土地户口,专业术语叫作地籍,是记载土地的位置、界址、数量、质量、权属、用途和价值等基本状况的籍册和文书档案。土地证作为中国共产党领导广大贫苦农民进行土地革命、废除封建土地制度的历史见证,具有较高的史料价值和收藏价值。

郑州市租地凭证
1967 年
15 厘米×10.5 厘米

郑州市用地证
1969 年
16 厘米×11 厘米

人事档案

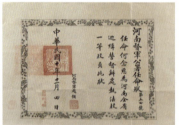

河南督军公署任命状

1921 年

57 厘米×31 厘米

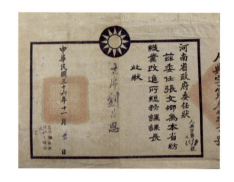

河南省政府委任状

1947 年

36 厘米×27 厘米

郑州扶轮第二小学"级任教员"聘书

1935 年

28.5 厘米×21 厘米

郑州市人民检察署通讯员聘请书

1953 年

32.2 厘米×29.2 厘米

河南省荥阳县国民身份证

1947 年

16 厘米×12 厘米

开封市选民证

1953 年

10.8 厘米×8 厘米

郑州市户口证

1961 年

10 厘米×7 厘米

郑州市户口簿

1974 年

18.5 厘米×13 厘米

开封市职工学校结业证书

1949 年

26.4 厘米×21 厘米

郑州大学附属中学学生证

20 世纪 60 年代

9.5 厘米×6.5 厘米

河南省开封市第二十一中学毕业证书

1974 年

38 厘米×29 厘米

郑州二七纪念堂工人俱乐部借书证

1964 年

13.7 厘米×9 厘米

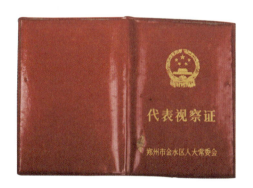
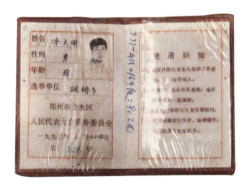

郑州市金水区人大常委会代表视察证

1990 年

15.8 厘米×10.5 厘米

婚姻档案

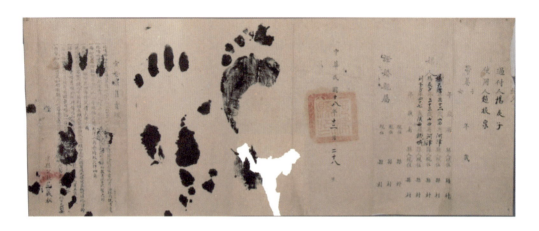

山西省河津县官婚帖

1929 年

71.5 厘米×29.1 厘米

无锡市张中立的离婚证和结婚证

1952 年、1954 年

40 厘米×27 厘米

俞文忠和王忆莲结婚证

1975 年

38.3 厘米×26.3 厘米

荣誉证书

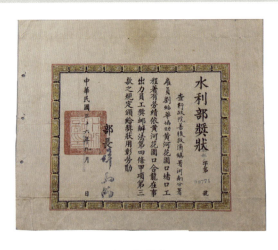

水利部奖状

1947 年

42 厘米×35 厘米

郑州市第一次工农兵劳模代表会议劳模奖状

1950 年

38 厘米×35 厘米

郑州市周育梅的奖状

1952 年

35.5 厘米×26 厘米

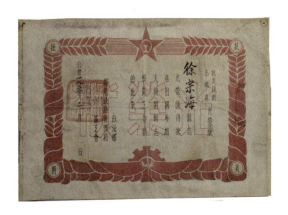

抗美援朝支援队光荣状

1953 年

36 厘米×25 厘米

河南省郑州市人民委员会颁发的奖状

1956 年

37 厘米×26 厘米

河南省郑州市人民委员会颁发的奖状

1958 年

38 厘米×27 厘米

河南省人民委员会颁发的奖状

1959 年

43 厘米×35 厘米

河南省郑州市人民委员会颁发的奖状

1959 年

37.5 厘米×27 厘米

东风渠开挖工程始于 1958 年春,是一条人工挖掘的引黄灌溉渠,干流原长 42 千米。首设五孔库闸,建于原邙山区花园口镇岗李村东北,向南与索须河、贾鲁河交汇,至市区白庙折往东南,经管城区穆庄北最终汇入七里河。

河南省郑州市革命委员会颁发的知青光荣证

1973 年

46 厘米×33.7 厘米

其他档案

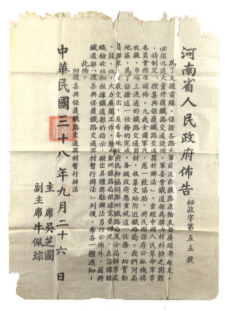

河南省人民政府布告

1949 年

88 厘米×61 厘米

纪念武汉工人出版社成立
学习笔记本

1949 年

15.5 厘米×11 厘米

中国铁路工会第一届
全国代表大会纪念册

1950 年

19 厘米×13.5 厘米

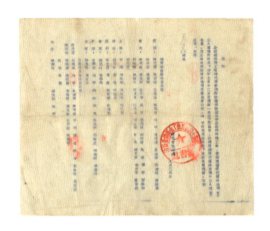

全国铁路工会筹备委员会通知

1950 年

29.5 厘米×24.5 厘米

《中国人民赴朝慰问豫剧团人员归国留影》(照片)

1953 年

33 厘米×22 厘米

　　抗美援朝战争爆发后,抗美援朝总会先后组织了三届大规模的中国人民赴朝慰问活动。三届慰问活动均有文艺工作者参与,我省豫剧团工作者也参与其中。他们不辞辛苦,深入前线,不避艰险,在敌机的频繁袭扰下,为战士们送去了精彩的表演,把祖国的温暖送到了每一位浴血奋战的战士心中。

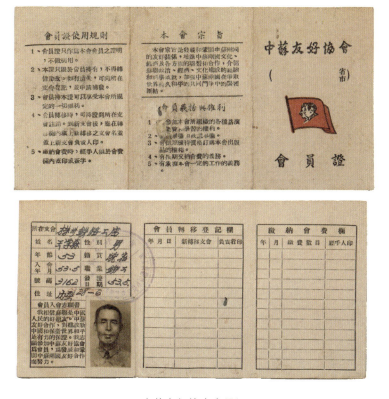

中苏友好协会会员证

1953 年

18.5 厘米×9 厘米

　　中苏友好协会成立于 1949 年 10 月,是新中国建立初期成立的第一个针对具体国家的友好组织,该协会的成立为中苏关系友好发展搭建了重要的沟通桥梁。协会成立后,全国各地分会相继建立。截至 1952 年,会员人数超过青年团、工会、妇联,成为全国最大的群体组织。会员包括工、农、商、学、机关干部、知识分子等多个阶层。

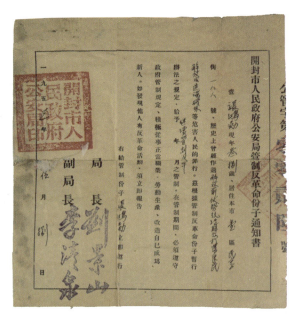

开封市人民政府公安局管制反革命分子通知书

1954 年

22.2 厘米×21.4 厘米

燕庄乡退伍军人安置介绍信

1961 年

18.4 厘米×14.6 厘米

河南省郑州市革委会介绍信

1971 年

18 厘米×17 厘米

郑州·

火车唤醒的城市

本章主要展示我馆收藏的一批珍贵书画墨宝和篆刻艺术精品。

郑州二七纪念馆在认真做好《千秋二七》基本陈展的同时，还经常举办各种各样的专题展览，书画展就是其中的一种重要类型。多年来连续举办的书画作品展，为我馆留下了一批珍贵的收藏墨宝。这些作品，有些来自专业大家，也有些来自名不见经传的市井书画家；有反映二七大罢工等革命题材，也有纵情讴歌壮美中原风土人情；有清新淡雅的传统水墨山水，也有精雕细琢的工笔花鸟草虫……风格迥异，题材多样，精品之作，比比皆是。这些书画作品的每一滴墨宝，无不透散着书画家们深厚的艺术修养、高尚的艺术情操和对艺术事业的孜孜追求。这些作品，使大家在直观欣赏与品鉴的同时，也能够更好地了解二七历史，热爱中原沃土。

篆刻艺术和书法、绘画一样具有独特的艺术风格，深受书画家的青睐和爱好者的珍爱。篆刻在我国具有悠久的历史，起源于周朝，兴盛于明清近当代，广泛流传于日本、韩国等东亚国家。随着经济社会的发展，郑州涌现出一大批杰出的篆刻艺术家和篆刻爱好者。本部分汇集了李刚田、张亚强、王晨、段宏煜、焦新帅、宁明义等郑州老中青三代篆刻家的篆刻作品。他们的这些篆刻作品，既有浑厚的传统文化做支撑，又有强烈的自我个性面貌。通过他们篆刻作品的展示，可以让更多的人认识这项古老的文化，更好地传承这项国粹艺术。

领导题词

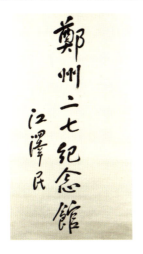

郑州二七纪念馆　江泽民

1993 年

纵 132 厘米, 横 67 厘米

江泽民, 曾任中共中央总书记、
中央军委主席、中华人民共和国主席。

血沃中原光耀神州　李德生

1993 年

纵 28.5 厘米, 横 26 厘米

李德生, 曾任中共中央
副主席。上将军衔。

"二七"英烈永垂史册　李铁映

1992 年 9 月

纵 67 厘米, 横 36 厘米

李铁映, 曾任中共中央政治局委员、
全国人大常委会副委员长、国务委员。

二七英烈永垂史册　雷洁琼

1992 年 10 月

纵 45 厘米, 横 33 厘米

雷洁琼, 曾任全国人大常委会
副委员长、全国政协副主席。

工运先锋　王光英

1992 年

纵 128 厘米, 横 66 厘米

王光英, 曾任全国人大副委员长、全国政协副主席。

继承和弘扬二七革命精神
为四化建设作出贡献　程思远

1992 年

纵 100 厘米, 横 50 厘米

程思远, 曾任全国人大副委员长。

发扬革命传统为
改革开放立新功　朱学范

1992 年

纵 57 厘米, 横 33 厘米

朱学范, 曾任全国人大副委员长。

发扬中国工人阶级的光荣传统为建设
有中国特色的社会主义而奋斗　廖汉生

1993 年

纵 133 厘米, 横 67 厘米

廖汉生, 曾任全国人大副委员长。

书法作品

唐·李商隐《乐游原》 矦德昌
1987 年
纵 67.5 厘米,横 45 厘米

唐·孟浩然《春晓》 矦德昌
1987 年
纵 68 厘米,横 45.5 厘米

矦德昌,1934 年生于河南省辉县市孟庄镇,毕业于中央工艺美院。历任中央工艺美院教授、中央文史研究馆馆员、中国美术家协会会员等。

伟哉黄河 卢光照
1987 年
纵 140 厘米,横 68 厘米

卢光照,1914 年生于河南省汲县(今卫辉市),北京国立艺专国画系毕业。师从齐白石先生,为北京齐派四大家之一。历任人民美术出版社编辑、北京齐白石艺术函授学院名誉院长、北京花鸟画研究会名誉会长、中央文史馆馆员等。

诗·书　张景祥
1988 年
纵 135 厘米,横 61 厘米

云汉·关河联　王国钦　陈天然
1992 年
纵 135 厘米,横 33 厘米

张景祥,江苏盐城人。历任上海书法家协会会员、上海美术家协会会员、上海市古典文学研究会会员、中华诗词学会会员等。

王国钦,河南尉氏人。1983 年毕业于河南大学中文系。历任民盟河南省文化委员会委员、民盟河南省文化传媒总支主委、河南省文艺出版社副总编辑,《中州诗词》责编、副主编、常务副主编,河南诗词学会副会长等。

陈天然,河南巩义人。历任河南省书法家协会副主席、河南省美术家协会副主席和名誉主席、河南省书画院院长,中国美术家协会、版画家协会、书法家协会常务理事等。

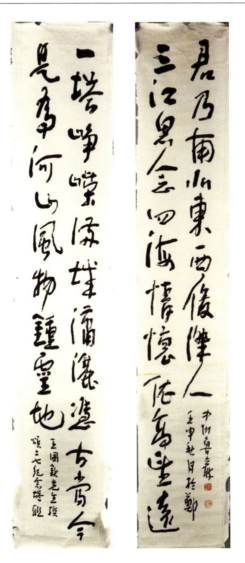

一塔·三江联　王国钦　周俊杰
1992 年
纵 197 厘米,横 34 厘米

　　周俊杰,河南开封人。历任中国书法家协会理
事、中国书法家协会学术委员会副主任、河南省书法
家协会副主席兼学术委员会主任、河南省文史研究
馆馆员、中华诗词学会会员、郑州大学名誉教授、郑
州大学书法学院草书研究所所长等。

葛明碧诗《二七纪念塔》 黄居正
2009 年
纵 137 厘米, 横 68 厘米

黄居正, 国家一级美术师, 郑州画院原常务副院长、书记。历任郑州大学书画研究院名誉院长、郑州市老年书画研究会副会长、中国嵩山书画院副院长、郑州市政协第八届委员会委员等。

锲而不舍 娄师白
当代
纵 67 厘米, 横 45 厘米

娄师白, 1918 年生于湖南省浏阳市, 北京画院一级美术师。14 岁师从齐白石先生学习书画及篆刻, 1942 年毕业于北平辅仁大学美术系。历任中国画研究会副会长、北京市书法家协会理事等。

国画作品

荷塘　王迎春
1985 年
纵 102 厘米，横 54 厘米

王迎春，山西太原人。国家画院一级美术师、文化部特殊贡献专家。擅长人物画，兼及油画、版画、花鸟、山水、书法。曾为中国美术家协会会员等。

奇峰　秦岭云
1987 年
纵 81 厘米，横 150 厘米

秦岭云，1914 年生于河南省汲县（今卫辉市），国立北平艺专绘画系毕业。历任中央文史馆馆员、中国美术家协会会员、北京美术学会理事、《诗书画》丛刊主编、《中国画》月刊编委、中山书画社副社长、炎黄书画院副院长、中国老年书画研究会理事等。

大吉图　卢光照

1987 年

纵 82 厘米,横 152 厘米

程莉影,1924 年生于湖北省襄阳市,1947 年毕业于国立北平艺专国画系,卢光照夫人。

花鸟图　程莉影

当代

纵 68 厘米,横 68 厘米

张潭，1912 年生，山东乳山人。1935 年考入国立北平艺专国画系，师从齐白石先生学习花鸟画。曾任北京美术学会会长。

虾蟹图　张潭
1987 年 10 月
纵 83 厘米，横 38 厘米

江畔秋色　张凭
1987 年
纵 84 厘米，横 151 厘米

张凭，1934 年生于河南省新乡市，毕业于中央美术学院。历任中国美术家协会会员、中央美术学院教授等，享受国务院特殊贡献津贴。

三思图　田零

1988 年

纵 135 厘米, 横 68 厘米

群英会　田零

1988 年

纵 96 厘米, 横 177 厘米

　　田零, 字青望, 河南长葛人。北京画院油、版、雕创作组组长。历任中国美术家协
会会员、北京美术家协会理事、北京花鸟画研究会顾问、中国老年书画研究会会员等。

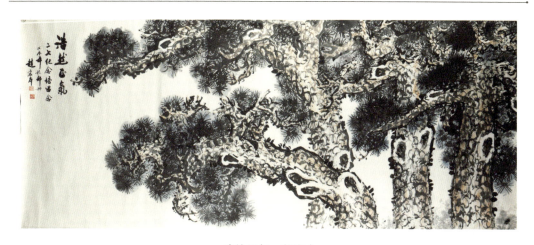

浩然正气　赵宏本
1988 年
纵 95 厘米，横 263 厘米

　　赵宏本，1914 年出生于江苏省阜宁县。中国现代著名连环画家，上海连环画"四大名旦"之一。历任中国美术家协会会员、中国美协上海分会常务理事、中国连环画研究会副会长、中国出版工作者协会上海分会理事等。

松树　娄师白
1988 年
纵 137 厘米，横 59 厘米

　　娄师白，湖南浏阳人，国家一级美术师。历任中国美协会员、中国画研究会理事、副会长，中国国际书画艺术研究院研究员、燕京书画社顾问、中国书画函授大学名誉教授、北京人民对外友协理事、北京市政协委员等。

梅花图　梅阡

1992 年

纵 135 厘米，横 67 厘米

梅阡，天津人。历任中国戏剧家协会理事、北京市剧协常务理事、北京市政协委员、北京人民艺术剧院导演、艺术委员会委员等。

李起，历任北京山水画会会员、北京画院专业画家等。

青山黄叶舟行急　李起

1992 年

纵 68 厘米，横 68 厘米

禹化兴,河南荥阳人。历任中国美术家协会会员、河南省美术家协会理事、郑州美协副主席、郑州中国书画家协会副主席,河南炎黄书画院副院长、河南省科学美术家协会副主席等。

聚香冉冉　禹化兴
1993 年
纵 80 厘米,横 45 厘米

太阳松树图　陈大章
1994 年
纵 67 厘米,横 136 厘米

陈大章,国画创作早期以人物为主,后以画山水、松、竹、梅而著称。历任中国美术家协会会员、工艺美术学会理事、中国名人协会理事、中华和平统一促进会理事、北京海峡两岸书画家联谊会会长、文化部老艺术家书画社社长、中国书画函授大学教授、北京唐风美术馆高级顾问、特约艺术家等。

天高任遨游　王惠民
当代
纵 151 厘米,横 84 厘米

王惠民,天津人。历任中国美协天津分会会员、天津漫画协会会员、天津政协书画研究会会员、天津津门书画院画师、天津运河书画院院士等。

情系自然　陈学周
1998 年
纵 70 厘米,横 68 厘米

陈学周,历任天津美术家协会会员、天津市政协书画研究会会员、中华当代书画艺术研究会名誉会长、天津书画院院士等。

春山抚琴图　方照华
2007 年
纵 140 厘米,横 60 厘米

方照华,福建惠安人。历任中国美术家协会理事、河南省美术家协会主席、河南省文联副主席等。

嵩岳浮翠图　闫勇
2012 年
纵 100 厘米,横 400 厘米

闫勇,天津美术学院副教授。历任天津理工大学艺术学院副教授、艺术学院绘画艺术系主任、中央美术学院 2013 年度青年骨干教师访问学者、天津市美术家协会会员、天津市青年美术家协会会员、天津市书画研究会山水画研究院院长、天津市十佳青年美术家等。

黎明　吴懋祥
2010 年
纵 179 厘米，横 78 厘米

吴懋祥，河南温县人。历任中国美术家协会会员、中国连环画研究会理事、中国美术家协会河南分会理事、河南省中国人物画研究会名誉会长、郑州画院顾问等。

劳工律师——施洋　曹天舒
2010 年
纵 183 厘米，横 124 厘米

曹天舒，湖北新洲人。1964 年毕业于湖北艺术学院（现湖北美术学院）美术系国画专业，主攻国画，同时还创作连环画、年画、插图等。历任中国美术家协会会员、河南省炎黄书画院艺术总监等。

传承　丁中一
2011 年
纵 136 厘米,横 68 厘米

丁中一,上海人。1960 年毕业于中国美术学院中国画系。曾在河南郑州艺术学院任教,现为河南大学艺术学院教授、硕士生导师,历任中国美术家协会会员、河南美协副主席、省文联委员、省文史馆馆员、河南省优秀专家等。

施洋大律师　马国强
2011 年
纵 136 厘米,横 68 厘米

马国强,河南温县人。毕业于河南大学美术系中国画专业,1982 年入中国画研究院(现中国国家画院)人物画创研班从事创作。历任中国文联委员、河南省文联主席、河南省美协主席等。

油画作品

程兆星,山西阳泉人。1985年西安美术学院进修结业,1988年毕业于河南大学美术系,1991年毕业于解放军艺术学院美术系。历任中国美术家协会会员、河南省美术家协会理事、河南省画院特聘画家、防空兵指挥学院副教授等。

郑州二七纪念塔　程兆星
2010 年
纵 150 厘米,横 120 厘米

二七风暴　张曙光
2011 年
纵 100 厘米,横 150 厘米

张曙光,河南省工艺美术学校副教授。

内燃机车　宁学法
2011 年
纵 110 厘米, 横 150 厘米

电力机车　宁学法
2011 年
纵 110 厘米, 横 150 厘米

　　宁学法, 河南郑州人, 就职于郑州铁路局文化宫。历任中国油画学会会员、中国铁路美术家协会会员、河南省美术家协会会员、郑州铁路局美术家协会秘书长、郑州铁路局文化宫国家二级美术师等。2005 年被中华全国铁路总工会授予"火车头职工艺术家"称号。

篆刻印章

印文:百年郑州　李刚田
2016 年
3.6 厘米×3.6 厘米×13.5 厘米

　　李刚田,1946 年出生于河南洛阳。中国当代著名书法家、篆刻家、书法篆刻理论家。现任西泠印社副社长、中国国家画院院委,郑州大学书法学院教授、博士生导师。

印文:宾至如归　张亚强

2018 年

2.9 厘米×2.9 厘米×12 厘米

张亚强,河南鹤壁人。现为中国书法家协会会员、河南印社社员、郑州市书法家协会青少年委员会主任、郑州市书法家协会理事、鹤壁市书法家协会理事、郑州市青年书法家协会副主席兼秘书长。

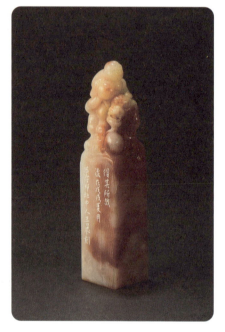

印文:得其所哉　王　晨

2018 年

2.7 厘米×2.7 厘米×12 厘米

　　王晨,1960 年出生于河南郑州,祖籍山东。师承李刚田。现为中国书法家协会篆刻委员会委员、西泠印社社员、河南省书法家协会理事、河南省书法家协会篆刻委员会副主任、郑州市书法家协会副主席兼秘书长。

印文：借箸代筹　段宏煜

2018 年

3.3 厘米×3.3 厘米×13 厘米

段宏煜，河南郑州人。历任中国书法家协会会员、河南省篆刻委员会委员、河南印社理事等。

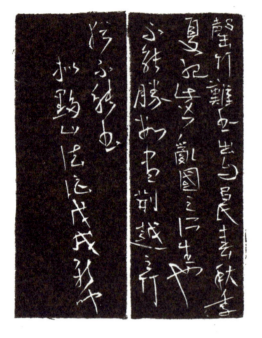

印文：罄竹难书　焦新帅
2018 年
3.1 厘米×3.1 厘米×13 厘米

　　焦新帅，河南鹤壁人，毕业于中央美术学院书法篆刻专业。历任中国书法家协会会员、鹤壁市书法家协会副主席、河南青年书法家协会理事、河南印社理事、河南省书协篆刻专业委员会委员、青少年书法杂志社编辑等。

　　为挖掘中原厚重的历史文化资源，郑州市文联、郑州二七纪念馆共同邀请国内数十位著名篆刻家操刀篆刻了与郑州相关的成语印章。本书选取其中 4 方予以展示，有助于读者从方寸之间对郑州这座古城的历史文化多一份感悟。

印文：王大珩　宁明义

2019 年

2 厘米×2 厘米×8.5 厘米

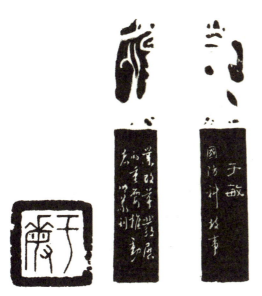

印文：于敏　宁明义

2019 年

1.8 厘米×1.8 厘米×9.5 厘米

印文：袁庚　宁明义

2019 年

2 厘米×2 厘米×8 厘米

印文：谢晋　宁明义

2019 年

2 厘米×2 厘米×11.5 厘米

印文:袁隆平　宁明义

2019 年

2.5 厘米×2.5 厘米×9.5 厘米

印文:屠呦呦　宁明义

2019 年

2 厘米×2 厘米×7.5 厘米

宁明义,出生于 1979 年,河南民权人。毕业于郑州大学法学院。现任郑州大学(特聘)美术领域艺术类硕士研究生导师、河南省老干部大学画系篆刻讲师、郑州市书法家协会联络交流委员会主任兼篆刻委员会副主任、郑州市青年书法家协会副主席、郑州大学中国土地法律中心研究员、河南财经政法大学民商法学院研究员。

为了抒发热爱党和国家的情怀以及浓郁的民族自豪感,也为了表达对在改革开放中做出杰出贡献人士的敬佩之情,青年书法家宁明义以印为载体,特选择50位在科学、经济、教育、文艺等领域具有代表性的优秀人士,以其姓名为内容,创作了一组篆刻作品。本书选取了其中的6方印章予以展示,一则是表达对英雄楷模的赞扬,二则是对国粹艺术的弘扬和传承。

郑州·

火车唤醒的城市

本章主要展示的是我馆收藏的一批近现代图书、期刊、报纸、地图等。

中国共产党从成立之初就深刻认识到舆论宣传工作的重要性，在革命、建设、改革的不同阶段，从中央到地方创办了许多书刊，具有突出的时代烙印，体现了鲜明的时代特色。我馆馆藏的党的早期书刊由于发行较早，因印刷工艺和纸张容易变色且不易保存而稀有珍贵。研究这些书刊，有助于把握党的历史发展的主线、本质，正确认识和科学评价党史上的重大事件、重要会议、重要人物，对党在各个时期走过的道路有一个全面、正确的认识，为开拓新的事业提供可借鉴的经验。

河南，地处中原腹地，农业发达，人口众多，历史悠久，文化厚重。我馆馆藏的与河南相关的刊物，展现了抗日战争、解放战争、社会主义建设等时期的省情，见证、记录了许多重要历史时刻。

日本发动的侵华战争，给中国人民带来深重灾难，从我馆馆藏的部分日本刊物，可以看出日本方面当时对战争的报道及态度，从而有助于我们更深刻地理解当年那场战争的历史背景。

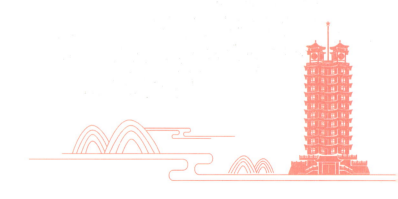

党刊

《新华日报》
1947 年
51 厘米×36 厘米

《新华日报》在抗日战争时期和解放战争初期是中国共产党的大型机关报，它是由周恩来等老一辈无产阶级革命家亲自创办的、中国共产党第一张在全国公开发行的报纸，并一直持续至 1947 年 2 月 28 日。《新华日报》于 1949 年 4 月在南京复刊，1952 年成为中共江苏省委机关报。

《群众》，1937 年 12 月 11 日在汉口创刊，1938 年 10 月因日军进犯武汉，被迫停刊，同年 12 月在重庆复刊。1947 年 1 月曾创办香港版，开展对海外的宣传工作，并以伪装封面在国民党统治区发行。1949 年 10 月 20 日出至第 143 期后停刊。

《群众》
1948 年
26 厘米×19 厘米

刊登"中共中央委员会电贺郑州开封解放"
的《大众日报》
1948 年
54 厘米×39 厘米

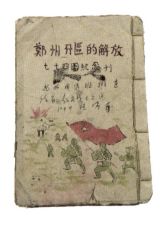

《郑州分区的解放》七十四团纪念刊
1949 年
24 厘米×17 厘米

《大众日报》创办于 1939 年,中共山东省
委机关报,是全国历史最悠久的党报。

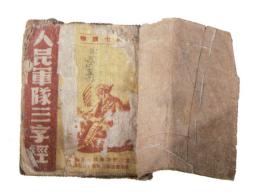

《人民军队三字经》
1949 年
12 厘米×10.3 厘米

《人民军队三字经》是一本配了"三字经"的连环画。内容涵盖当时的国
内局势、国际形势、党的各种宣传政策、部队的战术打法、各解放区情况和高级
将领等。出版后,以其口语化语言、实用性知识,很快在部队流传开来。

《论联合政府》
1949 年
17.8 厘米×13 厘米

《论联合政府》是毛泽东在中国共产党第七次全国代表大会上所作的政治报告。该报告完整地阐述了党的三大作风，丰富和发展了马克思主义关于党的建设的学说，对夺取抗日战争的最后胜利、建立新中国具有重要意义。

《中国共产党的三十年》，作者胡乔木。该书论述了中国共产党30 年的历史，这 30 年是马克思列宁主义在中国取得伟大胜利的历史，是中国工人阶级领导广大农民和其他民主力量向帝国主义者英勇斗争、推翻反动统治、建立新中国的历史，是为社会主义前途开辟了顺利道路的历史。

《中国共产党的三十年》
1951 年
18 厘米×12.9 厘米

《河南日报》创刊于 1949 年 6 月 1 日,是中共河南省委机关报。1952 年 8 月 5 日,河南省人民政府提请中南军政委,正式将省会迁址事宜提交决策层。同年 8 月 18 日,中南军政委发知照"同意河南省省会决定于开封市迁郑州市"。9 月 19 日,省政府接到了中央人民政府政

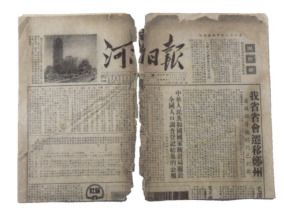

刊登"我省省会迁移郑州"的《河南日报》
1954 年
76 厘米×55 厘米

务院"同意河南省省会迁址"的复函。1954 年 5 月 18 日,省委决定成立迁移委员会。同年 9 月 23 日,省委会决定省直机关分 4 批迁移。截至 1954 年 10 月底,中共河南省委、省政府、省军区以及各厅局、省级群众团体由开封顺利迁至郑州。

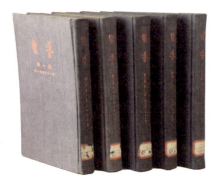

《向导》
1954 年
26 厘米×19 厘米

《向导》周报于 1922 年 9 月 13 日在上海创刊,是中国共产党创办的第一个公开发行的中央机关报,以宣传党的路线、方针、政策和评论国内外时政为主要内容,着重时政评论。中共早期领导人陈独秀和蔡和森为主要撰稿人。《向导》周报是特定时代的产物,在当时起到了报刊媒介对民众强有力的宣传、动员和组织作用,是中共早期报刊中能够连续出版、存在时间最长的一份刊物。

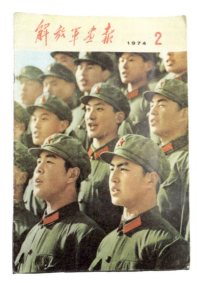

《解放军画报》
1974 年
27 厘米×23 厘米

　　《解放军画报》是中国人民解放军唯一以摄影图片为主要宣传手段的综合性大型月刊,邓小平、江泽民多次接受该刊记者采访拍摄。1951 年 2 月创刊,由毛泽东主席亲笔题写刊名,其前身是红军时期的《红星画报》、抗日战争时期的《晋察冀画报》和解放战争时期的《华北画报》。1974 年第 2 期《解放军画报》中刊登的郑州二七纪念塔因其独特的并联体双塔建筑而闻名中外。

反映河南历史、文化的刊物

《郑县志》

1931 年

25 厘米×17 厘米

《河南图书馆馆刊》和河南省图书馆送给陈援安馆刊的信札

1933 年

29 厘米×18 厘米　25.5 厘米×18 厘米

刊登"冯玉祥今天赴河南"的《华侨商报》

1936 年

40 厘米×28 厘米

非常时期专号《河南政治》

1937 年

25.5 厘米×18 厘米

《河南省明细地图》

1937 年

31 厘米×20 厘米

《郑州交通图》

1970 年

36.5 厘米×26.3 厘米

《旅客列车时刻表》 《旅客列车时刻表》 《火车时刻表》

1963 年 1971 年 1980 年 11 月

19 厘米×13 厘米 13 厘米×9.3 厘米 18.5 厘米×13.5 厘米

豫剧《穆桂英挂帅》宣传画
1959 年
77 厘米×52 厘米

豫剧《花木兰》宣传画
1962 年
77 厘米×52 厘米

豫剧发源于中原
（河南开封），因河南简
称豫，故称豫剧。豫剧
是在河南梆子的基础上
不断继承、改革和创新
发展起来的。与京剧、
黄梅戏、评剧、越剧并称
中国五大剧种，是汉族
戏曲之一，也是中国第
一大地方剧种。豫剧以
唱腔铿锵大气、抑扬有

豫剧《朝阳沟》剧本
1977 年
26 厘米×19 厘米

豫剧《花木兰》剧本
1978 年
26 厘米×19 厘米

度、行腔酣畅、吐字清晰、韵味醇美、生动活泼、善于表达人物内心情感著称，凭
借其高度的艺术性而广受各界人士喜爱。《朝阳沟》《花木兰》《穆桂英挂帅》
是老百姓耳熟能详的经典豫剧作品。2006 年，豫剧被国务院列入第一批国家
级非物质文化遗产名录。

日本刊物

《东京日日新闻》

1938 年

55 厘米×41 厘米

《直面时局》　　　　　《世界画报》

1938 年　　　　　　　1939 年

55 厘米×41 厘米　　　30 厘米×22 厘米

《新满洲国要览》写真与解说

1932 年

26.5 厘米×18.5 厘米

票证、票据

郑州·火车唤醒的城市

本章主要展示我国计划经济时期政府发行的票证和近代官府及民间的票据。

提及票证，当下的年轻人也许会很陌生，票证曾是中国计划经济时期的特殊产物。在计划经济时期，商品供应极为匮乏，为稳定市场和社会秩序、保障人民基本生活需求，国家对城乡居民吃穿用等生活必需品实行计划供应，按人口定量发行专用购买凭证，这些凭证统称为票证。从 1953 年实行第一个五年计划开始，直到 20 世纪 80、90 年代，我国印发的票证种类数量众多，在中国老百姓的日常生活中留下深深的烙印，这是我们国家大范围、长时间、深层次地把票证的发行、使用管理作为国家的一项基本经济政策。从这个意义上讲，票证的收藏更具有历史和社会价值。

票据包括各种有价证券和凭证。我国票据的起源可以追溯到古代，早在先秦时期，中国的信用票据就出现在人们的日常生活中。其后，经历了唐、宋、元、明、清各个朝代的演化与发展，票据由单一类型逐渐变成了各式各样、成百上千种形式。清朝末年，西方银行业进入我国，我国固有的票据规则终被外来票据制度取代。我馆馆藏的豫省官盐发票、民国时期财政部定期有利国库券、民国时期国民政府发行的救国公债、修缮黄河堤防工程领款存根等，作为时代的真实写照，见证了中国社会的发展变迁。

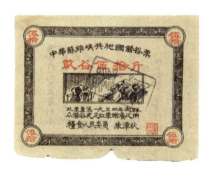

中华苏维埃共和国借谷票

1934 年

10 厘米×7.7 厘米

1931 年 11 月,中华苏维埃共和国临时中央政府在瑞金成立。为了打破国民党当局的经济封锁,苏区政府在领导经济建设、改善民生的过程中,发行了货币及各种票证,借谷证即其中一种。

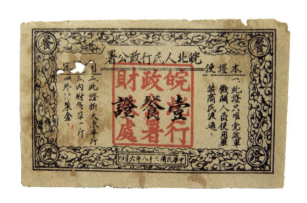

皖北人民行政公署壹餐证

1949 年

8.8 厘米×5.5 厘米

1949 年 4 月 21 日,皖北全境解放,在合肥市设立皖北人民行政公署,管辖范围为安徽省长江以北的地区。这张新中国成立前夕民主政权的就餐券,对研究历史和书法均具有一定的价值。

粮票

中华人民共和国粮食部全国通用粮票

1955 年

6.3 厘米×4 厘米

河南省流动粮票　　　　　　　河南省爱国售蛋奖励粮票

1958 年　　　　　　　　　　　1960 年

11.2 厘米×7 厘米　　　　　　4.8 厘米×2.3 厘米

河南省流动粮票

1965 年

8 厘米×3.8 厘米

河南省流动粮票

1965 年

7.3 厘米×3 厘米

河南省侨汇专用粮票

1965 年

7.2 厘米×3.6 厘米

中华人民共和国粮票样本

1978 年

26.5 厘米×19 厘米

郑州市粗、细粮券
1982 年
9 厘米×4 厘米

　　粮票是 1955 年—1993 年间我国在计划经济体制下,伴随着粮食定量供应而产生的一种票证,是流通领域粮食及粮食制品买卖的资格许可证。粮票是供给体制下的主要票证之一,分为全国粮票、军用粮票、地方粮票和划拨粮票四种,票面题材广泛,印制精细,具有时间性、地域性的特点。

布票、棉花票

河南省商业厅布票

1958 年

8.3 厘米×5 厘米

河南省布票

1971 年

12.2 厘米×7.5 厘米

河南省布票

1975 年

12.7 厘米×6 厘米

河南省布票

1980 年

12.7 厘米×7.8 厘米

郑州市棉花票

1981 年

12.5 厘米×7.7 厘米

河南省布票

1982 年

12.7 厘米×6 厘米

河南省布票

1983 年

12.8 厘米×6.5 厘米

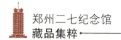
油票

郑州市地方油票

1965 年

7.4 厘米×4 厘米

河南省侨汇专用油票

1965 年

7 厘米×3.6 厘米

其他票证

中华人民共和国商业部服装购买证

1962 年

7.5 厘米×13 厘米

郑州市工业品和副食品配售证

1962 年

8.9 厘米×4.3 厘米

郑州市粮食局食堂饭票

1963 年

7.4 厘米×3.8 厘米

郑州市购货券

1969 年

7.2 厘米×3.5 厘米

郑州市购货券

1969 年

6.5 厘米×3.3 厘米

郑州市购货券

1976 年

7.5 厘米×4 厘米

安阳市食品公司回民食品供应券

1977 年

28.5 厘米×18.5 厘米

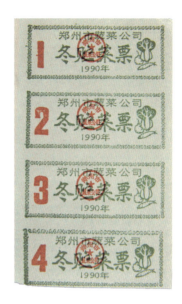

吃牛奶补助糖票

郑州市蔬菜公司冬贮菜票

1983 年

1990 年

6.7 厘米×3.3 厘米

6.8 厘米×2.7 厘米

郑州市食品公司蛋品票

1990 年

15.1 厘米×9.3 厘米

河南省侨汇商品供应证
1989 年
17.2 厘米×9.7 厘米

侨汇商品供应证，又称侨汇商品供应券或侨汇券。它是在特定的历史时期，由于商品短缺，为了保证和方便外宾、港澳台同胞和侨眷商品物资供应而发行的有价证券，一般由省级的商业厅负责印刷。侨汇券持有者可在专门商店或柜台购买紧俏商品或生产物资。它诞生于1957 年 7 月 30 日，于 1992 年废止。

河南省以工代赈购货券
1990 年
13 厘米×6.2 厘米

河南省工业品以工代赈购货券
1993 年
13 厘米×6.2 厘米

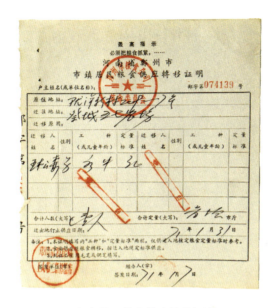

郑州市居民粮食供应转移证明

1971 年

17.5 厘米×16 厘米

郑州市商品购买证

1976 年

9 厘米×6.7 厘米

郑州市城镇居民粮证

1995 年

18 厘米×12 厘米

民国时期发行的票证

北洋政府财政部定期有利国库券
1920 年
18.1 厘米×9.8 厘米

国民政府发行的救国公债
1937 年
31.3 厘米×26.3 厘米

1937 年中国抗日战争初期,为解决财政困难问题,国民党国防最高委员会于 8 月 30 日制定《总动员计划大纲》,提出"发行救国公债,奖励国内人民及海外侨胞尽力购买,指充军费"。财政部呈奉国民政府核准,于 1937 年 9 月 1 日开始公开发行救国公债。

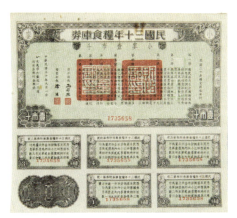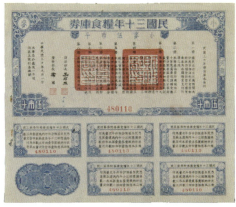

民国三十年粮食库券

1941 年

16 厘米×7.5 厘米

1941 年,抗日战争进入困难时期。为供应军需调剂民食,国民政府决定印发粮食库券,并以集中借债分期归还的方式筹集军饷,确保抗战军需供应。该粮食库券主副券完整,应为未使用券,现存世量稀少。

票据

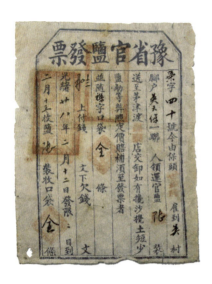

豫省官盐发票

1902 年

26 厘米×20 厘米

修缮黄河堤防工程领款存根

1942 年

27.3 厘米×12.2 厘米

大业纸品股份有限公司收据

1946 年

18.5 厘米×12.6 厘米

存单、存折

中国人民银行内蒙古自治区分行

爱国有奖储蓄存单

1952 年

12.6 厘米×6 厘米

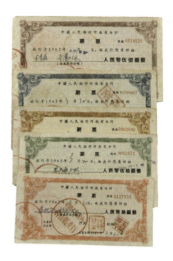

中国人民银行河南省分行

鲁山县支行期票

1962 年

10 厘米×7 厘米   16×9 厘米

16 厘米×9 厘米   15.5×8 厘米

15 厘米×7.5 厘米

大额定期定额储蓄存单

1989 年

17.3 厘米×8.5 厘米

对公单位存款折

当代

9 厘米×7 厘米

活期有奖储蓄存折

当代

10 厘米×7 厘米

活期储蓄存折

当代

10 厘米×7.5 厘米

郑州·

火车唤醒的城市

本章主要展示我馆收藏的抗日战争时期八路军和新四军使用过的武器装备,以及人民群众支援抗战的慰问品、军用地图等军用物品。

我馆收藏的武器装备和各种军用物品大多来自抗战时期。这些武器装备,有敌后军民在抗日战场上使用过的手榴弹、手枪、大刀、军号、望远镜等,这些不起眼的武器,曾在抗日战争时期消灭了无数敌人,显示出巨大威力。它们是中国共产党领导的军队在抗日战场上浴血奋战和中国人民不畏强敌、不怕牺牲、前赴后继、英勇顽强的伟大精神的见证。

抗日战争时期,八路军和新四军深入东北、华北、华中等日军占领区,开辟敌后抗日根据地。在困难重重中,主动接近民众、依靠民众,逐渐与民众建立了深厚的鱼水关系。这时期的人民群众处于水深火热的境况,自家口粮没有富余甚至不足之时,仍坚持捐粮捐物给抗日军队。这不仅在物质上支援了八路军和新四军的敌后抗战,更给抗战队伍带来了底气,使军队士气更加旺盛。我馆馆藏的该类型物品,如抗日军用鞋底、杀敌英雄人民功臣布袋等充分体现了军民一家亲。

军用地图是保密性很强的军事资料。高级军事指挥机关在战争中处于危险关头时,最先销毁的就是译电码和军用地图。我馆馆藏的抗日时期军用地图与日军全面侵华的历史相印证,对研究抗日战争时期的敌我军事状况有重要的参考价值,是一批难得的军事文献资料。

武器

勃朗宁手枪

抗日战争时期

全长 16.5 厘米，口径 0.765 厘米

全长 11.4 厘米，口径 0.635 厘米

　　勃朗宁手枪始创于 19 世纪末，1897 年取得专利，其产品主要由比利时的 FN 国营兵工厂、美国的柯尔特武器公司及雷明顿武器公司制造。从民国初年开始，中国仿造了大量的勃朗宁 1900 式手枪。由于勃朗宁手枪体积小、制作精良，在八路军和新四军中被视为"高档"武器，一般作为中高级干部佩枪使用。

　　这两把手枪由西藏自治区驻郑州干休所刘春林的家属捐赠。刘春林，山东庆云人，中共党员。曾担任八路军津南游击队通讯员、文书、八路军六支队战士、冀鲁边军区教导营政治部宣传员、115 师 343 旅供给处会计、解放军第七纵队二十旅供给处粮秣股长、财粮处副股长、审计处副股长、解放军第 18 路军 52 师供给处处长等。1950 年随十八军进藏，先后任 52 师司令部军政处副科长、西藏江孜财政处副处长、江孜分工会委员、西藏自治区粮财厅党委副书记兼政治部主任、中国人民银行西藏分行党组书记等职务。1986 年离休。

手榴弹

抗日战争时期

弹头径 4 厘米,长 22 厘米

弹头

抗日战争时期

弹头径 2 厘米,高 11 厘米

手枪

抗日战争时期

25 厘米×14 厘米×2 厘米

大刀

抗日战争时期

长 73 厘米

军用物品

药箱

抗日战争时期

66 厘米×38 厘米×24 厘米

藤条布箱

抗日战争时期

78 厘米×38 厘米×57 厘米

　　这两个军用箱是抗日战争中缴获日军的战利品。当时围剿了一个师团(包括卫生队),这两个箱子移交给了当时任卫生科科长的王正帮,随后成为卫生军用品,跟随王正帮参加了东北、朝鲜、海南等地的战役,抢救了我军无数伤病员。

　　此箱为王正帮的儿子王曙光捐赠。王正帮,山东淄博人,中共党员、市委宣传部地专级离休干部。1938 年参加八路军,历任东北三纵野战所卫生所所长、东北四纵队野战医院院长、卫生部干部疗养所所长、四十一军卫生部医政科科长、后勤卫生队队长、中南军区医管处副处长兼六十四陆军医院(现一五三医院)院长、郑州市卫生局局长、市委委员、文教委副主任。

军号

抗日战争时期

高 35 厘米，口径 2 厘米

望远镜

抗日战争时期

15 厘米×5 厘米×12 厘米

电话机

抗日战争时期

18 厘米×10 厘米×15 厘米

皮包

抗日战争时期

24 厘米×21 厘米×9 厘米

军帽

抗日战争时期

高 10 厘米，内径 18 厘米

德式钢盔

抗日战争时期

高 14 厘米，内径 28 厘米

防毒面具

1943 年

长 26 厘米, 口径 10 厘米

抗日军用鞋底

抗日战争时期

26 厘米×10 厘米

军用水壶

抗日战争时期

11 厘米×7 厘米×20 厘米

杀敌英雄人民功臣布袋

抗日战争时期

22 厘米×15 厘米

孟村王桂兰赠给东北军慰问袋

1949 年

23 厘米×15 厘米

军事地图

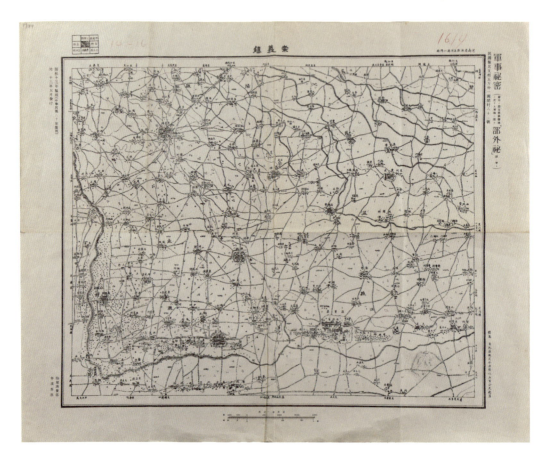

《河南省温县孟津县沁阳县军事地图》

1931 年

58 厘米×46 厘米

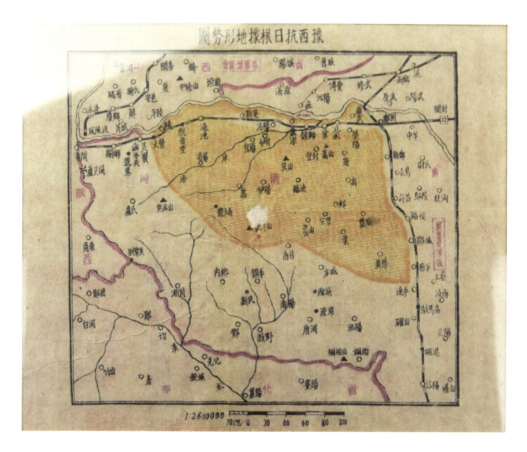

《豫西抗日根据地形势图》

1944 年

33 厘米×27 厘米

生产生活用具

郑州·
火车唤醒的城市

本章主要展示我馆馆藏的与百姓日常生活息息相关的生产工具、生活用具、老式家具等生产生活用品。

中国改革开放以来，经济的腾飞给人们的生产生活带来了翻天覆地的变化，随着科技的进步和人民生活水平的提高，中国传统生产生活工具逐步退出历史舞台，成为了历史记忆中的老物件。但传统的生产生活工具见证了中国20世纪的历史，对社会发展曾做出不可磨灭的贡献。

生产工具方面，我馆收藏的有石碾、石臼、斗、斧、桑叉、纺车、铡刀等传统农业生产工具。随着科技和现代大型农具的快速发展，这些传统的农业生产工具逐渐退出生产领域，取代它们的是现代生产工具，农业生产也随之实现了机械化。

生活用具方面，我馆收藏了从转盘式电话、传呼机到大哥大等一系列通信工具。20世纪80年代以后，固定电话开始进入寻常百姓家中，当时常见的是转盘式电话。90年代，人们盛行使用传呼机、大哥大。进入21世纪，手机已经成为人们生活中不可缺少的一部分，即使是远在天涯，也能近似咫尺地沟通交流。

老式家具方面，我馆收藏了从20世纪70至90年代具有代表性的"二七"牌手表、"凤凰"牌自行车、"莺歌"牌缝纫机、黑白电视机、收音机等。

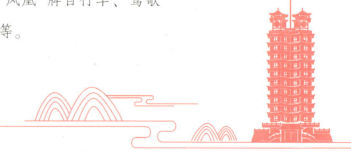

生产工具

碾子
当代
58 厘米×12 厘米×16 厘米

石碾
当代
长 58 厘米, 直径 28 厘米

碾子是用人力或畜力把高粱、谷子、稻子等谷物脱壳或把谷物碾碎成碴子、面粉的石制工具。这种工具在电气化以前的中国农村很常见。

石槽
当代
58.5 厘米×32 厘米×20 厘米

石臼
当代
高 23 厘米, 内径 18 厘米, 底径 22 厘米

石臼古称"碓"。是人类以各种石材制造的, 用以砸、捣, 研磨药材、食品等的生产工具。

斗

当代

高 22 厘米,直径 28 厘米

　　斗多用木料制成,是称量粮食的量器,是古代官仓、粮栈、米行及地主家里必备的用具。斗因有吉祥的寓意,是丰饶富足的象征,且带有浓郁的民间文化韵味,如今也成为一种颇具意趣的藏品。

桑叉

当代

241 厘米×37 厘米

杆秤

当代

长 138.5 厘米

铡刀
当代
115 厘米×26 厘米×30 厘米

斧子
当代
长 44.5 厘米

纺车
当代
105 厘米×53 厘米×43 厘米

　　纺车是采用纤维材料如毛、棉、麻、丝等原料,通过人工机械传动,利用旋转抽丝延长的工艺生产线或纱的设备。手摇纺车由轮子、摇柄、锭杆儿、支架、底座等构成。纺车在 20 世纪 50 年代、60 年代中国不发达的农村较为常见,如今随着社会经济的日益发展,手工纺车已不复常见。

生活用具

水缸
清代
高 43 厘米，口径 46 厘米，底径 29 厘米

榫
当代
70 厘米×70 厘米×31 厘米

榫卯结构是中国古建筑以木材、砖瓦为主要建筑材料，以木构架结构为主要的结构方式，由立柱、横梁、顺檩等主要构件建造而成。各个构件之间的结点以榫卯相吻合，构成富有弹性的框架。榫卯是极为精巧的发明，这种构件连接方式，使得中国传统的木结构成为超越了当代建筑排架、框架或者钢架的特殊柔性结构体，不但可以承受较大的荷载，而且允许产生一定的变形，在地震荷载下通过变形抵消一定的地震能量，减小结构的地震响应。

梳妆台

当代

28 厘米×28 厘米×32 厘米

钱柜

当代

43 厘米×32.5 厘米×51 厘米

钱箱

当代

29.5 厘米×16 厘米×11 厘米

皮箱

当代

81 厘米×43 厘米×25 厘米　85 厘米×46 厘米×31 厘米

凤凰自行车
20 世纪 90 年代
174 厘米×51 厘米×100 厘米

"莺歌"缝纫机
当代
80 厘米×43 厘米×76 厘米

凤凰自行车源于 1897 年中国第一家自行车车行同昌车行,有着百年历史。凤凰品牌诞生于 20 世纪 50 年代。自 1959 年"凤凰"商标注册起,全球已有近 2 亿消费者选择了凤凰自行车产品。20 世纪中后期,随着社会经济的高速发展,自行车由新人结婚必备的三大件之一,逐渐成为老百姓出行的主要交通工具。

黑白电视机
当代
35 厘米×20 厘米×22.5 厘米

"幼乐"钢琴
当代
95 厘米×38 厘米×82 厘米

"国光牌"唱片机

1961 年

40 厘米×30 厘米×15 厘米

"嵩山"照相机

当代

15 厘米×8 厘米×9 厘米

收音机

当代

40 厘米×20 厘米×23 厘米

收音机

当代

36 厘米×16 厘米×20 厘米

收音机

当代

47 厘米×30 厘米×95 厘米

收音机

当代

20 厘米×10 厘米×5 厘米

电话机
当代
27 厘米×18 厘米

大哥大
当代
4 厘米×27 厘米×5.5 厘米

传呼机
当代
8.5 厘米×6.5 厘米

传呼机
当代
6 厘米×4 厘米

传呼机
当代
7.5 厘米×5 厘米

座钟
当代
9.3 厘米×5 厘米×15.8 厘米

怀表
当代
直径 4.5 厘米

油灯
当代
高 37 厘米,底径 16 厘米

油灯
当代
高 34 厘米,底径 15.5 厘米

算盘

当代

50 厘米×17.5 厘米

旋帽式钢笔

当代

长 14 厘米

皮包

当代

25 厘米×20 厘米×9 厘米

暖水瓶

当代

高 40 厘米, 底径 14 厘米

"友谊"饼干筒

当代

18 厘米×23 厘米×18 厘米

马褂

当代

衣长 140 厘米,袖长 70 厘米

"人民公社好"帆布袋

当代

130 厘米×45 厘米

家具

老门楼
当代
174 厘米×98 厘米

顶子床
当代
226 厘米×129 厘米×263 厘米

衣柜
当代
97 厘米×56 厘米×186 厘米

方桌

当代

96 厘米×64 厘米×86 厘米

八仙桌

当代

89 厘米×89 厘米×86 厘米

条几

当代

260 厘米×41 厘米×93 厘米

罗圈椅

当代

54 厘米×30 厘米×90 厘米

58 厘米×46 厘米×79 厘米

太师椅

当代

56 厘米×47 厘米×112 厘米

木箱

当代

88 厘米×55 厘米×121 厘米

『二七』衍生品

郑州·火车唤醒的城市

本章展示的是带有二七塔元素的生活用品、票据等相关藏品。

郑州，素有"二七名城"的殊荣，二七纪念塔作为郑州历史的见证，更是这座城市的精神之塔。郑州二七纪念塔是为纪念发生于 1923 年的京汉铁路工人运动而修建的纪念性建筑。1971 年建成并对外开放，2006 年被列为全国重点文物保护单位。二七塔塔身为钢筋混凝土结构，平面呈两个五角星并联，是一座建筑独特的仿古联体双塔。塔身飞檐挑角，古朴俊逸，面南而立的高塔搭配金色乳钉的红色木质大门，庄严肃穆，与往来行人交相辉映，展示着郑州这座城市的生机与活力。每逢整点报时时分，塔顶便会响起悠扬而遒劲的《东方红》乐声。

随着社会发展和历史的沉淀，一代又一代的郑州人对"二七"怀着独特而深沉的感情，二七纪念塔更是一同被郑州市乃至河南省人民关注和喜爱。自 20 世纪 70 年代二七塔建成之日起，各种印有二七塔图案的物品应运而生。该类型物品品类繁多、包罗万象，其中生活用品包括脸盆、镜框、茶缸、饼干桶、烟标、酒标、日记本、交通图等；票据包括邮票、棉花票、粮票等。除此之外，还有信封、明信片、纪念章、瓷器等。这些带有二七塔图案的各类物品曾无处不在地活跃于郑州市乃至河南省人民的生活、工作中，成为几代人共同的珍贵记忆。

生活用品

"郑州"搪瓷盆
当代
高 12 厘米, 直径 36 厘米

"河南二七公社"搪瓷盆
当代
高 12 厘米, 直径 36 厘米

"发扬二七光荣革命传统"搪瓷茶缸
当代
高 16 厘米, 口径 12.5 厘米

"郑州"搪瓷茶缸
当代
高 14 厘米, 口径 10.5 厘米

瓷杯

当代

高 10 厘米，口径 9 厘米

"郑州"饼干桶

当代

18 厘米×18 厘米×23 厘米

"郑州二七广场"镜框

当代

52 厘米×26 厘米

"毛主席万岁"镜框

当代

63 厘米×38 厘米

纪念章

现代

直径 6 厘米

"中国·郑州"纪念章

现代

2.8 厘米×3 厘米

纪念章

1974 年

3 厘米×1.5 厘米

纪念章

1980 年

2.5 厘米×2.5 厘米

纪念币

现代

直径 5 厘米

"二七"牌手表

当代

直径 3.5 厘米

笔记本、文件夹

当代

28 厘米×21 厘米

当代

10 厘米×8 厘米

当代

13 厘米×9 厘米

当代

13 厘米×9 厘米

当代

18 厘米×9 厘米

当代

15 厘米×10 厘米

当代

13 厘米×9 厘米

当代

10 厘米×7 厘米

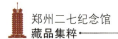
邮资封

二七罢工六十周年纪念首日封

1983 年

18 厘米×10.5 厘米

纪念京汉铁路工人大罢工六十周年纪念封

1983 年

17 厘米×10 厘米

纪念京汉铁路工人大罢工七十周年纪念封

1993 年

17 厘米×10 厘米

纪念京汉铁路工人大罢工七十周年纪念封

1993 年

17 厘米×10 厘米

纪念京汉铁路工人大罢工七十周年纪念封

1993 年

17 厘米×10 厘米

纪念京汉铁路工人大罢工七十五周年明信片

1998 年

17 厘米×10 厘米

纪念京汉铁路工人大罢工七十五周年纪念封

1998 年

22 厘米×14 厘米

烟标

当代

16 厘米×9.5 厘米

当代

16.5 厘米×9.6 厘米

当代

18 厘米×9.5 厘米

当代

18.5 厘米×9 厘米

酒标

当代

10.7 厘米×9 厘米

当代

12 厘米×9 厘米

当代

12.1 厘米×9.7 厘米

当代

11 厘米×9 厘米

当代

11 厘米×9 厘米

当代

12 厘米×10.5 厘米

当代

13.5 厘米×11 厘米

当代

11 厘米×9 厘米

当代

12 厘米×9.9 厘米

当代

10 厘米×9.5 厘米

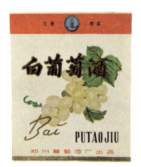

当代

10.9 厘米×9 厘米

当代

11.5 厘米×8.5 厘米

当代

14.5 厘米×10.5 厘米

当代

11 厘米×9 厘米

当代

11 厘米×9.8 厘米

当代

11 厘米×8.5 厘米

当代

11 厘米×8 厘米

当代

10.7 厘米×9 厘米

火花

当代
4 厘米×3 厘米×1 厘米

当代
5 厘米×3.8 厘米

当代
5 厘米×3.8 厘米

当代
12 厘米×4.8 厘米

当代
4.3 厘米×3.5 厘米

其他

生活用品购买证

1963 年

9.2 厘米×6.1 厘米

《向阳花》

1973 年

15 厘米×13 厘米

《庆祝中华人民共和国成立
二十四周年游园活动安排》

1973 年

9.8 厘米×6.8 厘米

郑州市职工冬季体育锻炼纪念卡

1975 年

26.7 厘米×18.5 厘米

旅客列车时刻表

1975 年

12.5 厘米×9 厘米

郑州电信局电话号簿

1977 年

19 厘米×12 厘米

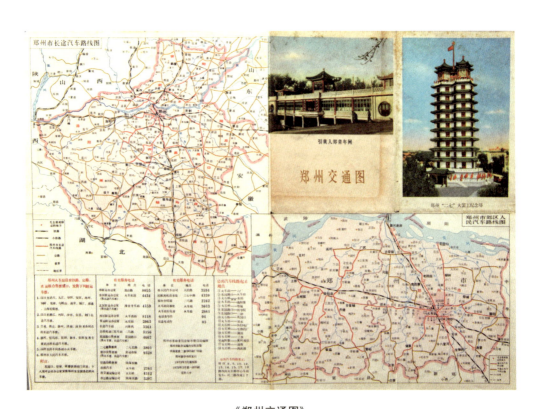

《郑州交通图》

现代

36.5 厘米×26.3 厘米

豆制酱油广告
现代
13 厘米×10.8 厘米

"二七牌"国营郑州第六棉纺织厂商标
现代
11 厘米×9 厘米

/后记/

深入挖掘郑州二七纪念馆馆藏,编辑出版一本既能反映馆藏特色,又集观赏、收藏和史料价值于一体的馆藏珍品图片集,一直是我们多年以来的愿望。适逢中国共产党成立100周年和郑州二七纪念馆建馆50周年,我们特编写《郑州二七纪念馆藏品集粹》一书,多年愿望终于得以实现。本书经过几个月的紧张编排得以完成,虽然算不上鸿篇巨制,却有很多同志积极投入进来,策划书稿、查阅资料、遴选文物、拍照扫描、编校审核,付出了很大努力。这本图集的编纂,凝聚着参与编辑工作的同志们的辛勤劳动,同时,也得益于局领导和馆领导的高度重视和大力支持。在此特表敬谢!

本书编纂工作业已告竣,即将顺利付梓,谨为记。

编者

2021年9月